EBRARD

BULLETIN DE L'UNIVERSITÉ DE TOULOUSE
(MÉMOIRES ORIGINAUX DES FACULTÉS DE DROIT ET DES LETTRES)
Série B. — Numéro 1.

FACULTÉ DE DROIT DE TOULOUSE

FONDÉE EN 1229

CENTENAIRE

DE LA

RÉORGANISATION DE 1805

HISTOIRE SOMMAIRE DE LA FACULTÉ

Par M. A. DELOUME, Doyen

Secrétaire perpétuel de l'Académie de Législation,
Lauréat de l'Institut.

TOULOUSE

IMPRIMERIE ET LIBRAIRIE ÉDOUARD PRIVAT
Librairie de l'Université
14, RUE DES ARTS (SQUARE DU MUSÉE)

1905

CENTENAIRE

DE LA

RÉORGANISATION DE 1805

OUVRAGES DU MÊME AUTEUR

De la Récidive et du Concours d'infractions punissables. Médaille d'or de la Faculté de Droit et de l'Académie de Législation, 1864.

De l'Extradition. Ouvrage mentionné par l'Institut (Académie des sciences morales et politiques, 1881).

Principes généraux de Droit international en matière criminelle. 1882, Paris, Thorin éditeur. *Epuisé.*

Les Manieurs d'argent à Rome sous la République. Ouvrage couronné par l'Académie française (concours Thérouanne) et par l'Académie des sciences morales et politiques (concours Le Dissez de Penenrun). 1re édition, 1890, Paris, Thorin éditeur; 2e édition, 1892, Paris, Fontemoing, rue Le Goff, 4.

Les sociétés scientifiques et littéraires de Toulouse à l'Hôtel d'Assézal et de Clémence Isaure. Toulouse, Lagarde et Sebille, 1897.

Vue de Toulouse au seizième siècle. Les Capitouls. 1899, Toulouse, Privat, libraire-éditeur, rue des Arts, 14.

Aperçu historique sur la Faculté de Droit de l'Université de Toulouse. 1900, Toulouse, Privat, libr.-éditeur, rue des Arts, 14.

FACULTÉ DE DROIT DE TOULOUSE

FONDÉE EN 1229

CENTENAIRE

DE LA

RÉORGANISATION DE 1805

HISTOIRE SOMMAIRE DE LA FACULTÉ

Par M. A. DELOUME, Doyen

Secrétaire perpétuel de l'Académie de Législation,
Lauréat de l'Institut.

TOULOUSE

IMPRIMERIE ET LIBRAIRIE ÉDOUARD PRIVAT
Librairie de l'Université
14, RUE DES ARTS (SQUARE DU MUSÉE)

—

1905

(Extrait du *Bulletin de l'Université de Toulouse*, 1905.)

AVANT-PROPOS

La Faculté de Droit de Toulouse, fondée en 1229, supprimée en 1793, a été rétablie en 1805, il y a un siècle.

Nous avons été encouragés par la Faculté et par le Conseil de l'Université à penser qu'il convenait de célébrer ce centenaire, en publiant une notice sur le passé et le présent de la Faculté; résumé exact, rapide, se référant aux documents et aux autorités cités ailleurs, et n'insistant que sur les faits les plus saillants et les plus caractéristiques de notre histoire.

Les bibliothèques très anciennes et les recueils de travaux de nos Sociétés scientifiques et littéraires, qui seront bientôt, j'espère, soigneusement classés, surveillés et livrés au grand public à l'hôtel d'Assézat et de Clémence-Isaure, contiennent de nombreux et inappréciables documents sur la vie intellectuelle de notre passé toulousain.

Il y a là, parmi les livres et les manuscrits anciens des Académies des Jeux Floraux, des Sciences, de Législation, et des Sociétés de Médecine, d'Archeo-

logie et de Géographie, de vraies richesses à mettre au jour.

Les archives de notre ville, celles de Paris et de Rome, ont déjà donné lieu à de grands travaux indiqués pour la plupart dans notre Aperçu historique sur la Faculté de Droit de Toulouse, publié en 1900.

La notice actuelle ne sera, à vrai dire, qu'une retouche de cette précédente étude, avec quelques modifications, des réductions et des additions sur certains détails plus particulièrement intéressants à l'égard du public.

On pourra voir comment notre histoire se rattache de très près, non seulement au mouvement intellectuel général de chaque siècle, mais même aux principaux incidents de l'histoire du Droit public et aux variations de la politique, en France et à l'étranger.

Nous nous appliquerons, dans cette publication, à mettre en relief trois époques particulièrement animées et caractéristiques du rôle important attribué par les circonstances à notre institution.

A. — Ses débuts d'abord s'organisant avec l'Université, dans leur ensemble, d'un seul coup, au treizième siècle, sur d'antiques bases, et par suite d'un grand fait politique : le traité de Paris de 1229, qui préparait le rattachement du comté de Toulouse à la couronne de France.

Nous insisterons, afin de protester contre l'impression à peu près universellement admise à la légère, que ce fut un instrument d'intolérance religieuse et de contrainte créé pour prendre avec quelques autres, et notamment avec l'Inquisition inaugurée à Toulouse en même temps, sa part active à la destruction violente de l'hérésie des Cathares ou Albigeois.

Nous montrerons, par les documents et par les faits, que la nouvelle Université prit, au contraire, dès l'abord, une direction d'études étonnamment libérale, suivant le mot presque trop moderne, mais relativement très vrai, de M. Galien-Arnoult.

Les Théologiens d'abord appelés à elle, comme ailleurs, s'effacèrent aussitôt et restèrent séparés d'elle; ils enseignèrent dans leurs couvents[1]. Ils n'eurent de Faculté organisée à l'Université qu'en 1360, c'est-à-dire cent trente et un ans plus tard.

L'Université de Toulouse fut créée, non par les papes, comme on le dit souvent, mais par le pouvoir royal qui l'organisa toute entière, en vue de ses intérêts présents et à venir, et cela par les termes même du traité de Paris, où il figurait seul avec le comte de Toulouse.

Les Papes l'acceptèrent telle quelle, contribuèrent à son recrutement et la comblèrent même de faveurs pour se l'attacher de plus près.

Ce fut une œuvre non pas de lutte, mais de pacification, à la fin d'une affreuse guerre entre le Nord et le Midi de la France.

Elle devint, dès son début, un de ces centres d'études puissants qui gouvernaient alors le monde de la pensée, mais très spécialement organisé ici en vue de servir, par une influence avant tout intellectuelle et morale, à l'unification de la Patrie qui se constituait.

C'est ce qui ressort des circonstances de sa fondation et ce que devaient démontrer, presque immédiatement par les faits, les légistes du Midi devenus bientôt

1. M. Fournier, *Histoire de la science du Droit*, t. III, p. 225. Paris, Larose, éditeur, 1892. — Molinier, *Hist. de Languedoc*, 2e édit., t. VII, p. 574.

« *les plus redoutables serviteurs de l'autorité royale[1]* »
dans les démêlés des rois de France et de la papauté.

B. — *Nous nous arrêterons ensuite à l'apogée de
notre histoire : aux temps troublés et glorieux de la
Renaissance.*

*L'École de Toulouse était devenue l'un des plus grands
centres d'attraction des études juridiques dans le monde
savant, avec ses quatre ou cinq milliers d'étudiants, ses
agitateurs célèbres accourus de tous côtés vers ces foules
de jeunes gens, Jean Bodin, l'auteur du livre de la
République, l'éternel ennemi de Cujas, et d'autre part
Étienne Dolet, élu Orateur des étudiants et puis chassé
de Toulouse, et, ensuite, son continuateur Vanini, qui
tous les deux moururent dans les supplices.*

*Un grand nombre de publicistes de ce temps, des
hauts dignitaires de l'État ou de l'Église, et antérieurement même plusieurs papes, se rattachèrent à notre
Faculté, soit par leurs études, soit par l'enseignement
qu'ils avaient professé dans ses chaires de Droit canonique et civil.*

*C'est l'époque des incidents parfois étranges, des
mœurs pittoresques, tragiques même, sous l'influence
des guerres religieuses du siècle et de la région. Rabelais en a parlé avec émoi.*

*Nous y rattacherons, à l'aide de documents nou-
veaux, la solution définitive, à notre avis, de la controverse légendaire sur les rapports de Cujas avec la
Faculté, la ville et le Parlement.*

1. Hanotaux, *Tableau de la France en 1614*, p. 23. Paris,
Didot, éditeur, 1898.

M. Hanotaux a écrit dans son Tableau de la France
à cette époque[1] :

« *Dès longtemps, on disait de l'Université de Tou-*
louse qu'elle était l'école des plus grands magistrats
et des premiers hommes d'État, et le proverbe répétait
à son tour :

> « *Paris pour voir,*
> « *Lyon pour avoir,*
> « *Bordeaux pour dispendre*
> « *Et Toulouse pour apprendre.* »

G. — *Mais le pouvoir absolu, surtout depuis Louis XIV,*
s'emparait d'un enseignement qui ne saurait vivre avec
dignité, dans le culte des principes de justice et au ser-
vice de leur indispensable discussion, sans une sage et
vraie indépendance.

Après un déclin lent et qui se prolongea jusqu'à la
Révolution, notre Faculté a repris, depuis la reconsti-
tution dont nous célébrons le centenaire, un élan continu
et généreux dans sa marche vers le progrès.

Elle ouvre, avec le programme des études juridiques
modernes, des horizons inattendus vers les carrières pra-
tiques des sciences sociales de plus en plus diversifiées.

Elle discipline et rapproche, de la personne des maî-
tres et aussi des instruments de travail, son mode d'en-
seignement et ses élèves.

Elle est toujours restée, depuis ses débuts, la plus
suivie des Facultés de province. En ce moment, elle
garde, de beaucoup, le premier rang, avec les quatorze
cent soixante-seize étudiants inscrits cette année sur ses
registres ; sans parler de l'annexe hautement libérale,

1. Hanotaux, eod.

utile et prospère de cette École pratique de Droit que
nous assure l'habileté, l'énergie à toute épreuve de l'un
des nôtres et que soutient notre Université provinciale[1].

C'est par ces traits saillants que nous présenterons,
en la débarrassant des détails de la vie quotidienne et
technique, la physionomie exacte de notre Faculté de
Droit près de sept fois séculaire et plus vivante que
jamais.

1. Voir les tableaux statistiques à la fin de la présente notice.

LES TEMPS ANCIENS

ANTIQUES ORIGINES

L'histoire proprement dite de la Faculté de Droit ne remonte, en vérité, qu'au treizième siècle. Mais le Droit
romain avait depuis longtemps été pratiqué et enseigné à
Toulouse, à l'époque gallo-romaine, puis et plus encore
sous les rois wisigoths, qui avaient fait de la cité latine leur
capitale, et enfin sous les anciens rois, ducs ou comtes,
jusqu'au rattachement du comté à la couronne. Nous dirons
quelques mots de ces antécédents qui expliqueront combien
fut naturelle et facile la création d'un enseignement officiel
du Droit dans notre antique cité.

I.

ÉPOQUE GALLO-ROMAINE. — ÉCOLES PALATINES.

Sous le titre de *Toulouse cité latine*, M. Bénech, l'un de
nos prédécesseurs presque immédiats à la chaire de Droit
romain de la Faculté, a étudié les privilèges politiques et

judiciaires dont ne tarda pas à jouir notre ville après la conquête des Gaules [1].

C'était la *Tolosa Tectosagorum*, la cité gauloise primitive, qui était aisément entrée dans le mouvement et la vie de la civilisation romaine.

Nous ne parlerons pas de son histoire politique, ni de cet or de Toulouse qui, disait-on, portait malheur et qui s'est perdu pour toujours.

Nous nous bornerons à rappeler que Pline disait déjà de nos régions : « Il n'est point de province qui surpasse la Narbonnaise, si l'on considère la culture et la fertilité de ses terres, le mérite et les mœurs de ses habitants, ses richesses et son abondance. En un mot c'est plutôt l'Italie qu'une province. »

Martial au deuxième siècle, Ausone au quatrième, avaient célébré la haute culture intellectuelle de la vieille cité qu'ils nommaient tous les deux la *Civitas Palladia*. Ausone avait écrit : *Te sibi Palladiæ antetulit toga docta Tolosæ*, en parlant du rhéteur Arborius. Il a aussi célébré la mémoire d'autres Toulousains connus, écrivains ou orateurs de son temps, Exupérius et Sedatus notamment [2].

Symmaque, plus précis, à notre point de vue, raconte que, dès le quatrième siècle, les Écoles Palatines de Rome, où l'on enseignait le Droit, avaient des succursales dans la Gaule, ce qui doit s'entendre, dit M. Bénech, spécialement de Toulouse, déjà célèbre depuis longtemps comme centre d'études.

Dadin d'Hautesserre, le grand juriste de notre Faculté au dix-septième siècle, a recueilli de nombreux textes des anciens auteurs se référant à ce qui précède.

---

1. Communication à l'Académie des sciences. (Tirage à part; imprimerie Jean-Mathieu Douladoure, Toulouse.)
2. V. la Revue *l'Université de Toulouse*, 1890-91; *L'Enseignement à Toulouse avant l'Université*, pp. 39 et suiv. (Privat, éditeur de la *Revue*.)

II.

LA CAPITALE DES ROIS WISIGOTHS. — PERSONNALITÉ DES LOIS. — ÉCOLES.

Chose singulière en apparence, c'est surtout à l'époque de l'invasion des Barbares que l'on voit apparaître des indications directes sur l'enseignement public du Droit dans les Gaules.

Et c'est ce qu'établit sûrement M. Bénech, dans une seconde monographie communiquée, comme la précédente, à une Académie toulousaine et qui a pour titre : *Les Wisigoths et les études à Toulouse*[1].

Capitale du royaume des Wisigoths pendant quatre-vingt-huit ans, de l'an 419 à 507, Toulouse devint plus que jamais un foyer d'études juridiques.

C'était la conséquence, pour ainsi dire forcée, de l'établissement du régime de la personnalité des lois.

On sait que les rois barbares sentirent qu'il fallait à tout prix respecter et maintenir la civilisation merveilleuse qui s'était tout à coup révélée à leurs yeux, quand ils pénétrèrent dans l'empire romain. Les chefs wisigoths en avaient été spécialement éblouis en passant lentement à travers le Nord de l'Italie. Mais ces rois, plus avancés que leurs sujets, comprirent bien que leurs rudes compagnons ne pouvaient pas s'élever comme par enchantement, des coutumes primitives et des mœurs presque sauvages apportées des forêts germaines, au Droit compliqué, savant, aux mœurs raffinées et brillantes qui devaient être, pour eux, le comble de l'incompris et de l'imprévu. Et cependant, presque sans violence, les deux races s'étaient mélangées sur le sol envahi, le Bar-

---

1. Communication à l'Académie des Jeux Floraux, Recueil, 1851.

bare s'établissant côte à côte avec le Gallo-Romain, qui subissait sans protestation ce voisinage forcé.

On sait comment procédèrent ces rois, très avisés, dans leurs domaines respectifs. Ils déclarèrent que chacun de leurs sujets serait soumis aux lois de son origine, romaine ou barbare ; il y eut deux lois très différentes applicables sur le même sol, suivant la qualité de la personne. Tel était le régime singulier appelé *la Personnalité des lois*.

Mais ils voulurent que les lois romaines, qui devaient régir les Gallo-Romains des pays subjugués, fussent elles aussi une émanation de leur puissance royale.

C'est pour cela que, dans le royaume de Toulouse comme dans les royaumes voisins, ils entendirent qu'une loi romaine fût spécialement édictée par eux. Celle des Wisigoths, restée célèbre sous le nom de *Bréviaire d'Alaric*, fut rédigée à Toulouse et promulguée à Aire, en 506, par Alaric II.

Ce prince et ses prédécesseurs, Wallia, les deux Théodoric, Euric, avaient, en moins d'un siècle, adapté à leur cour et développé autour d'eux, avec une rapidité étonnante, les marques extérieures et les effets même profonds d'une civilisation très avancée. Il en fut surtout ainsi à Toulouse.

« La cour des rois wisigoths, a dit M. Augustin Thierry, était le centre de la politique de tout l'Occident. Intermédiaire entre la cour impériale et les royaumes germaniques, elle égalait en politesse et surpassait peut-être en dignité celle de Constantinople. » Cujas avait déjà écrit : « *Gothis nulla barbara natio fuit civilior.* »

Or ce Droit romain, que les rois barbares avaient voulu revêtir d'une forme qui leur appartînt et que même ils entendaient modifier à leur gré, il fallait en assurer l'esprit spécial, la divulgation très prompte et l'immédiate application à qui de droit.

De là un enseignement officiel dont l'histoire nous a conservé les souvenirs certains.

Sidoine Apollinaire, l'ami et le conseiller intime du roi Théodoric II, présente comme en pleine activité l'enseignement du Droit dans toute la région par des maîtres romains, et aussi par des maîtres wisigoths.

De même, Cujas a signalé comme un grand jurisconsulte, chez les Ostrogoths, Cassiodore, dont il a écrit l'éloge et qui fut ministre de Théodoric. Jornandès, Goth de nation, a raconté, dans l'éloge de ce même prince, qu'il avait fait donner à ses fils une éducation supérieure.

Léon de Narbonne, au rapport de Sidoine, avait enseigné le Droit romain dans tout le Midi, sous Euric.

C'est à Toulouse que fut élaborée, sous Alaric II, la *Lex Romana Wisigothorum*, et c'est à la cour de ce même prince que Syagrius, le dernier représentant de la puissance romaine dans les Gaules, vaincu par Clovis à la bataille de Soissons, était venu se réfugier.

Tous les grands législateurs, depuis Justinien jusqu'à Charlemagne, Louis XIV et Napoléon, ont pris un soin jaloux pour que leur œuvre fût expliquée et commentée par des maîtres de leur choix et sous leur surveillance. Ils ont tous eu le souci inquiet de conserver rigoureusement à leurs lois, par le choix des professeurs de l'enseignement du Droit, non moins que par celui des magistrats, la direction sociale et le sens pratique qu'ils avaient entendu imposer par les textes de leur législation.

Les rois wisigoths eurent les mêmes préoccupations; ils appelèrent aux honneurs et aux charges de la cour les juristes qui enseignaient le Droit, et c'est ce que fit spéciale-ment Alaric II à l'égard des juristes qui avaient, autour de lui, pris part à la rédaction de sa loi romaine.

Ils avaient, d'ailleurs, prudemment conservé une partie de ses pouvoirs à l'Assemblée municipale de la colonie romaine. C'était la tradition essentielle qui devait traver-ser les siècles, sans interruption, ainsi que nous l'avons démontré ailleurs.

Mais les rois wisigoths touchèrent bientôt à la fin de leur règne et le régime féodal amena pour les remplacer, après les rois et les ducs d'Aquitaine, les puissants comtes de Toulouse. Les récits perdent alors de leur précision.

Les historiens spéciaux les plus récents et les plus autorisés signalent l'existence d'une École toulousaine, dont les traces directes s'affaiblissent jusqu'au treizième siècle, mais qui se manifeste sans interruption, dans ses effets, par une culture artistique, intellectuelle et scientifique reconnue partout et de tout temps comme supérieure. Nos antiques édifices en ont conservé les souvenirs glorieux[1].

1. On vient de retrouver récemment à la Bibliothèque nationale de nouvelles descriptions de mosaïques wisigothiques de la plus haute valeur. (V. un article sur l'art à Toulouse : *Revue des Pyrénées*, 1er semestre 1905, page 31 et les références.)

LE MOYEN AGE

UNIVERSITÉ ET FACULTÉS. — LES LÉGISTES

I.

ÉPOQUE DE CHARLEMAGNE. — LES COMTES DE TOULOUSE. —
LA GUERRE DES ALBIGEOIS ET LA « CANSO DE LA CROZADA ».

Après avoir été la capitale du royaume des Wisigoths, Toulouse le fut ensuite du royaume d'Aquitaine attribué par
Charlemagne à l'un de ses fils, Louis le Débonnaire. On sait
que Charlemagne voulut donner une vigoureuse impulsion
à l'enseignement, sur toute l'étendue de son Empire. « *Ad
pernoscenda studia liberalium artium nostro, etiam quos
possumus, invitamus exemplo* », écrivait-il lui-même dans
une lettre destinée à tous les monastères.

Or, est-il besoin de rappeler, porte le savant article cité
ci-dessus[1], qu'à l'époque de Charlemagne, Toulouse possé-
dait deux monastères déjà célèbres, la Daurade et Saint-Sernin? Le *Privilegium* de Charles le Chauve de l'année 844 le
prouve surabondamment[2]... L'abbaye de Saint-Sernin s'ho-
norait d'avoir reçu dans ses murs le grand empereur qui
l'avait comblée de dons et de bienfaits... Elle était en possession des objets d'art les plus beaux, par exemple le grand

---

1. *Université de Toulouse*, 1890-91, p. 41.
2. M⁕ Douais, *le Cartulaire de l'Abbaye de Saint-Sernin*, p. 6.

Camée, aujourd'hui au Musée de Vienne, l'Evangéliaire de
Charlemagne, passé en 1872 à la Bibliothèque nationale...
Or, parmi les charges de l'abbaye, nous trouvons alors le
Capisco, appelé encore *Escolamus* (c'est-à-dire maître de
l'école). Grâce au *Cartulaire* on peut compter douze capis-
cols de la fin du onzième siècle à 1173.

Nous avons des renseignements de même nature sur les
cloîtres de la Daurade et de Saint-Etienne. « Dans les pays
de la Langue d'Oc dont Toulouse était la ville principale, les
lettres jetèrent un éclat très vif. Les disputes publiques
entre albigeois et catholiques, à la fin du douzième siècle,
montrent que la culture intellectuelle y était fort répandue[1]. »

La vieille cité gardait ses caractères distinctifs d'organisation municipale et d'activité intellectuelle.

Les comtes, malgré l'immense étendue de leurs domaines,
se montrèrent, à leur tour, très respectueux des traditions
anciennes et particulièrement des institutions de la *Civitas*,
qu'ils ne voulurent ou n'osèrent pas trop atteindre. Ils con-
servèrent même le conseil et la milice de la ville, aux termes de leurs chartes habilement concédées. C'est ce qui fit
leur popularité, car, ainsi que le dit M. Roschach, pour qui
notre histoire locale ne garde guère plus de secrets : « Les
comtes ont constitué, avec l'action du temps, une sorte de
dynastie nationale, accommodante et populaire, assez franchement acceptée pour que le nom de Raymond soit devenu
synonyme de maître juste et administrateur. »

Le Droit romain, retouché par les rois wisigoths, fut évidemment remplacé par les textes venus directement de
Rome, c'est-à-dire par le Droit écrit que notre Midi pratiquait de tout temps et qu'il devait conserver comme régime
de droit commun jusqu'à la Révolution.

Nous ne savons de cette période rien de spécial sur l'enseignement officiel du Droit. Cependant, les ordres religieux

---

1. *Loc. cit.*

militants commençaient à répandre par la parole leurs doctrines avec le Droit canon et la Théologie.

Peu de temps avant la croisade contre les *Albigeois*, saint Dominique fondait auprès de Toulouse l'ordre des *Frères Prêcheurs*, qui devait occuper une si large place dans l'enseignement du Droit canonique à notre Faculté, mais surtout et d'abord, dans la lutte contre l'hérésie.

Les comtes de Toulouse, au contraire, devaient être considérés comme les plus hauts représentants de l'indépendance du Midi, sous les couleurs de l'hérésie albigeoise avec ses troupes mal disciplinées mais redoutables, contre l'invasion des hommes du Nord.

Et telle fut justement la cause occasionnelle de la fondation de notre Université toulousaine. On nous permettra, par suite, d'y jeter un regard rapide mais attentif.

« A tout prendre, écrivait récemment M. Luchaire, au début d'une œuvre de haut intérêt, le Midi l'emportait sur le Nord par sa culture, sa langue sonore, des usages juridiques où persistait le Droit romain, une constitution sociale plus clémente, des villes plus libres, des barrières moins hautes entre les classes, un servage moins rigoureux. De plus, et c'était sa grande originalité, le Midi était tolérant... Comment s'étonner que l'hérétique bénéficiât de cet état d'esprit des Méridionaux ? Les prêcheurs des doctrines nouvelles faisaient des prosélytes, tenaient des assemblées, défiaient les évêques sans que la foule protestât, sans que l'autorité intervînt... Un historien impartial et bien informé, Guillaume de Puylaurens, affirme que les chevaliers du Languedoc pouvaient impunément adhérer à la secte qui leur plaisait. Loin de poursuivre les hérésiarques, on les vénérait. » C'était un terrain bien préparé pour les luttes passionnées et les violences de l'ambition féodale ou royale.

On appelait *Albigeois* ou *Cathares*, dès avant le treizième siècle, ceux qui professaient, dans nos régions, les principes d'une hérésie très ancienne, qui a été de nos jours, l'objet de savants travaux.

En parcourant l'œuvre de la guerre religieuse qui porte leur nom, il faut se souvenir que Philippe-Auguste avait eu des vues sur les états des comtes de Toulouse. Mais il avait reculé, d'abord, à raison de ses dissentiments avec le roi Jean d'Angleterre et l'empereur Othon, devant la révolte qui s'annonçait et qui devait se terminer par la terrible croisade commandée par Simon de Montfort. C'était un conflit à la fois religieux, féodal, politique et populaire.

Les deux dernières publications de M. Luchaire, en 1904 et 1905, ont répandu une vive lumière sur ces époques troublées, et, particulièrement, sur les origines et les effets de la guerre des Albigeois[1].

Sa dernière étude très remarquable se termine par ces mots : « La disparition prématurée de Simon de Montfort devait livrer le Midi et sa capitale à la dynastie capétienne. C'est au bénéfice du roi de France que, sans le savoir, tout le monde, à commencer par Innocent III, avait travaillé, souffert et lutté[2]. » C'est une remarque très importante à notre point de vue.

M. Fauriel, en publiant une sorte d'épopée du temps, connue sous le nom de *Cansos de la Crozada*, a écrit : « Dans cette lutte, la plus grande à ce qu'il paraît que puisse concevoir l'esprit de l'historien, le comte de Toulouse figure comme le génie de la civilisation et de la justice; Montfort y est le génie de la violence et de la barbarie. »

La bataille de Muret y est représentée comme fatale à la chrétienté tout entière :

> Mot fo grans lo dapnatges et dol el perdonnentz
> A tot christianisme et a trastotas gens.

Le souvenir de ces combats fratricides et féroces s'est

---

1. Innocent III. *Rome et l'Italie*, 1904; — Innocent III. *La Croisade des Albigeois*, 1905, par Achille Luchaire, membre de l'Institut, Paris, Hachette.
2. *La Croisade des Albigeois*, pp. 249 et 260.

transmis par la tradition jusqu'à nos jours, et certains esprits se passionnent encore pour l'indépendance des régions méridionales que représente, à leurs yeux, l'armée des Albigeois.

La croisade commença sur l'appel du pape Innocent III, contre l'expansion et les abus des hérétiques qui prétendaient dominer le pays, se substituaient aux pouvoirs établis et avaient sur divers points accompli en effet, au nom de leurs doctrines, particulièrement dans les édifices religieux, des actes de déprédation. Mais les croisés dépassèrent bientôt les intentions du pape; l'ambition des rois de France et d'Aragon était en éveil, et la lutte se compliqua de violentes passions régionalistes qui en aggravèrent encore l'ardeur.

Ce sentiment des tendances régionalistes semble se ranimer aujourd'hui, légitimement d'ailleurs, parce qu'il contient de très justes choses en lui-même. Mais dans ce temps de troubles féodaux et religieux, il contribua à exaspérer les passions des combattants; on peut y voir, comme on le dit encore fréquemment, la résistance du Midi contre les envahissements des hommes du Nord, et la guerre devint barbare des deux côtés.

A la salle des Illustres de notre Capitole toulousain, ont été groupées, à titre de souvenir et comme de pacifiques trophées, quelques belles œuvres des sculpteurs et des peintres contemporains qui, fidèles à nos traditions artistiques, sont plus que jamais l'honneur de la cité. Dans une vaste et admirable toile, notre grand peintre Jean-Paul Laurens a reproduit un épisode de la guerre albigeoise : *La défense de Toulouse assiégée par l'armée des croisés.*

Les hommes de tous les rangs travaillent sur les remparts pour préparer la résistance. On ressent, parmi eux, les frémissements de la colère et toute l'ardeur de l'enthousiasme belliqueux.

Au-dessus de cette scène et se détachant sur un ciel chargé d'orages, s'étalent les emblèmes des deux armées ennemies; un lion menaçant d'une part, c'est Montfort; et d'autre part, la bannière toulousaine, emportée à travers les flammes par le comte qui appelle ses troupes au combat. Les tons inusités et les dimensions étranges des personnages emblématiques, dans les nuées sombres, surprennent d'abord, mais saisissent bientôt violemment l'esprit, en dominant toute la scène grandiose.

Rien n'est plus exact que le sentiment de cette grande et belle peinture murale. Dans ce fouillis d'hommes et de choses, dans ces créations d'une imagination ardente, on croirait entendre encore, vibrant, le récit ou plutôt les clameurs enflammées de l'auteur mystérieux de *la Cansos de la Crozada*[1].

La lutte se termina, comme on sait, par la force; les Albigeois furent soumis et le royaume de France s'agrandissait bientôt après, par un mariage princier prévu au traité de paix, de l'une de ses plus belles provinces.

Il restait à accomplir l'œuvre nécessaire et difficile, consistant à ramener la concorde et l'harmonie entre des hommes odieusement irrités, divisés par les souvenirs d'une horrible guerre de vingt ans, et destinés, cependant de tout temps, par les lois de nature, à vivre fraternellement sur le même sol de la grande patrie française.

Telle fut l'œuvre à laquelle l'enseignement des Lettres, des Sciences, de la Philosophie et du Droit était appelé à prendre sa part active. L'enseignement de la Théologie resta, de fait, longtemps en dehors de l'Université. Ce n'était donc pas, comme on l'a écrit et répété, une arme de combat que l'on forgeait, pour l'ajouter à d'autres, et les confondre au service des mêmes abus, c'était au contraire l'organisme vigoureux de la haute culture intellectuelle du Midi de la France qui prenait largement son essor, au profit de la tolérance, de la paix et de l'unité nationale[2].

1. Au moins pour la deuxième partie, très distincte et plus importante que la première.
2. On peut consulter, notamment, l'ouvrage de M. Marcel Fournier, *Histoire de la science du Droit en France*, t. III, p. 209, ch. III: *L'Université de Toulouse du treizième au quinzième siècle*, où se

Il faut rétablir la vérité sur ce point, en lui restituant sa place dans un ensemble de faits très intéressants de l'histoire de notre pays.

Nous pourrions résumer ce qui va suivre dans ces deux

trouve une bibliographie très détaillée de la matière. Savigny a écrit quelques lignes intéressantes dans son *Histoire du Droit romain au Moyen Age.* Nous signalerons aussi les nombreux travaux communiqués à nos Académies toulousaines, particulièrement à l'Académie de législation et à l'Académie des sciences, inscriptions et belles-lettres de Toulouse. Le Père Denifle, à Rome, et M. Marcel Fournier, à Paris, ont mis au jour de nombreux documents où l'on peut voir spécialement les *Statuts et privilèges des Universités françaises depuis leur fondation jusqu'en 1789,* publiés par M. Marcel Fournier, Paris, Larose et Forcel, 1890, t. I, pp. 437 à 880, et *Die universitaten des mittelalter bis 1400, von P. Heinric. Denifle,* pp. 325 à 310, Berlin, 1885.

Les recherches et les publications de M. Marcel Fournier, agrégé des Facultés de Droit et aujourd'hui Directeur général de l'Enregistrement, sont considérables. Elles peuvent être utiles et intéressantes à consulter, mais sauf contrôle. Des savants de premier ordre, le P. H. Denifle, de la Bibliothèque du Vatican, et M. Viollet, de l'Institut de France, l'ont démontré sur divers points avant nous. En ce qui concerne Toulouse notamment, nous signalerons dans une seule page sur les *Sources (Hist.,* t. III, p. 215) quatre inexactitudes ou erreurs matérielles, c'est-à-dire autant de références injustifiées. Nous pourrions en signaler bien d'autres.

Nous discuterons, d'ailleurs, presque toutes ses appréciations sur la marche et l'esprit de l'Université de Toulouse au treizième siècle. Nous sommes, à cet égard, en complet désaccord.

A partir du seizième siècle, les archives de la bibliothèque de Toulouse nous fournissent des renseignements de plus en plus nombreux et précis, auxquels on a souvent recours dans les études faites sur place, et qui se compléteront sans doute par l'ouverture au public lettré, des précieuses archives notariales de la région et des bibliothèques de l'hôtel d'Assézat-Clémence-Isaure.

J'ai fait imprimer moi-même, en 1900, mais sans le faire éditer ni publier, à cause de son caractère trop hâtif, le tableau du personnel de la Faculté de Droit. C'est un travail de circonstance surtout, qui fut exposé aux fêtes du centenaire de l'Université de Montpellier, peu de temps après. Malgré les recherches et le travail que m'a coûtés cette étude, pour les premiers siècles, on y trouvera des lacunes faciles à diminuer, depuis les publications récentes que j'indiquais plus haut. J'espère pouvoir compléter ce tableau, tout à l'honneur de notre antique et toujours très vivante Faculté de Droit.

Voir aussi mon *Aperçu historique sur la Faculté de Droit de l'an 1228 à 1900.* Toulouse, Ed. Privat, éditeur.

M. Rodière, dans le *Recueil de l'Académie de législation,* M. Gatien-Arnoult, dans celui de l'*Académie des sciences* et dans la *Revue de Toulouse,* ont publié de très intéressants travaux sur notre Faculté.

mots : l'Université et l'Inquisition, leurs rôles politiques et
religieux suivant les relations changeantes entre les papes
et les rois.

II.

FONDATION DE L'UNIVERSITÉ DE TOULOUSE PAR LE TRAITÉ DE
PARIS DE 1229. — PROGRAMME ET ESPRIT DES ENSEIGNE-
MENTS. — RECRUTEMENT IMPRÉVU DU « STUDIUM ».

Après la mort du comte Raymond VI, la guerre avait
changé de caractère, elle ne dura plus que deux années.

A Philippe-Auguste avait succédé sur le trône de France
Louis VIII, et puis saint Louis, Louis IX. C'était comme
une ère nouvelle.

Sous la régence de Blanche de Castille, le Pape, par ses
légats, et l'habile régente s'entendirent pour terminer la
lutte. Un traité avec le comte fut conclu à Paris en 1229
pour régler les conditions de la paix[1].

Le Roi, uni, dans le fond, au Pape, y parlait en maître.

Depuis longtemps, nous l'avons dit, les rois de France
avaient des vues d'ambition sur le comté, et d'autre part les
papes, voyant l'Eglise atteinte ou menacée par la connivence
ou la faiblesse des comtes, devaient préférer le pouvoir royal,
comme un plus solide soutien pour leur autorité.

Innocent III avait personnellement résisté aux intentions
violentes du clergé ou des barons. Il répétait sans cesse dans
ses instructions et dans ses bulles « que, sans doute, il fallait
punir, mais qu'il fallait aussi savoir pardonner et provoquer
même avec obstination les coupables à la pénitence..., con-
vertir les pécheurs et non les exterminer[2] ».

Il avait, d'autre part, fermement soutenu les droits du
comte de Toulouse et de sa race.

1. *Hist. de Languedoc*, t. VIII, p. 883.
2. *Innocent III et la guerre des Albigeois*, pp. 58, 89, etc.

Mais tout cela avait été emporté dans les ardeurs de la lutte qui tournait enfin au profit du Roi, sans détruire, toutefois, immédiatement, les pouvoirs du comte de Toulouse. On assurait, en réalité, et pour un très prochain avenir, l'extension du royaume par les dispositions très diplomatiquement habiles du traité.

Or c'est dans ce traité de Paris que fut imposée au dernier des Raymond de Toulouse l'obligation de rémunérer, par des traitements annuels fixés pour dix années, quatorze professeurs d'enseignements divers. On appela leur groupe le *Studium*, suivant l'usage des temps, et peu après l'Université de Toulouse, qui se divisa bientôt comme ailleurs, en diverses Facultés[1].

C'était une force importante et nouvelle pour le Pape et pour le Roi, à la création de laquelle ils s'associaient en vue de leur intérêt commun.

D'illustres Universités, gloires du Moyen-âge et moteurs puissants de civilisation, répandaient déjà, dans le Nord de l'Europe et en Italie, leur influence prédominante sur les esprits, avec l'éclat de leurs travaux scientifiques, littéraires, religieux et philosophiques. Toulouse était dès longtemps désignée par son antique et brillant passé.

Sans doute il n'est question dans le traité que de quatorze professeurs, mais le programme des travaux qui fut publié

---

1. Voici le passage du traité qui nous intéresse particulièrement :

« Item quatuor millia marcharum deputabuntur ab ipso Raimundo quatuor magistris theologiæ, duobus decretistis, sex magistris liberalium artium, et duobus magistris grammaticis regentibus Tolosæ, quæ dividentur hoc modo : singuli magistrorum theologiæ habebunt singulis annis quinquaginta marchas usque ad decennium; similiter annuatim uterque magistrorum decretorum habebunt triginta marchas usque ad decennium, singuli magistri artium habebunt viginti marchas usque ad decennium similiter annuatim; uterque magistrorum artis grammaticæ habebit similiter annuatim decem marcas usque ad decennium. » M. Fournier a omis les mots très importants : « *duobus decretistis* », Op. cit., p. 217.

Les *professeurs de Droit romain* se nomment dans le langage ancien *Legum doctores* (Légistes); — les *professeurs de Droit canonique,* *Decretorum doctores* (Décrétistes).

dès la même année 1229, par le nouveau *Studium*, démontre que le nombre des enseignements et celui des maîtres y fut bien plus considérable et de plus qu'on se mettait en mouvement tout de suite, sans hésiter. C'était la première fois qu'une Université était fondée ainsi, d'un seul coup, et les contemporains, dès le premier jour, l'appelaient le *solemne Studium*[1]. C'était, pour ce siècle, un grand événement.

Le programme très solennel aussi, dont nous venons de parler, fut fait sous la forme d'une lettre circulaire, de style emphatique, d'autres diraient peut-être très gascon de jadis, adressée à tous ceux qui dans l'univers s'intéressent aux œuvres de l'esprit : *Universis Christi fidelibus et precipue magistris et scholaribus ubicumque terrarum studentibus, presentes litteras inspecturis*[2].

Il y est annoncé que l'on étudie au *Studium* de Toulouse, non seulement la théologie, les décrets, la grammaire et les arts libéraux prévus par le traité, mais bien d'autres choses encore, et notamment les beaux-arts, la médecine[3] et le Droit de Justinien.

Voici, du reste, le texte lui-même du début de ce document curieux :

« Universitas magistrorum et scholarium Tholose studium, in nova radice statuentium.....

« Hic enim theologi discipulos in pulpitis et populos in compitis informant, logici liberalibus in artibus tyrones Aristotelis eruderant, grammatici balbutientium lingua in analogiam effigiant, organiste populares aures melliti gutturis organo demulcent, decretiste Justinianum extollunt et a latere medici predicant Gallenum.

« Libros naturales qui fuerunt Parisiis prohibiti, potuerunt illic audire qui voluerunt sinum medullitus perscrutari. »

Ainsi l'on ouvrait à la science, et en particulier à la philo-

1. V. *Infra*, Jean de Garlande, *Triomphe de l'Eglise*.
2. M. Fournier, *Statuts et Privilèges*, etc., t. I, n° 504.
3. V. la thèse de doctorat en médecine de M. Barbot, 1905 : *Les chroniques de la Faculté de médecine de Toulouse*.

sophie, des horizons plus larges que partout ailleurs et pour ainsi dire nouveaux en France, dans une région qui allait, par ce fait, attirer sur elle tous les regards du monde civilisé.

Le mot du début est à remarquer : « Universitas magistrorum et scholarium Tholosæ studium, *in nova radice statuentium*. »

C'est un nouveau régime succédant aux anciennes mœurs.

Mais un fait plus significatif encore, c'est qu'on admet l'étude et la discussion de la philosophie naturelle d'Aristote, défendues à Paris, par le Concile de 1209; prohibition renouvelée par les règlements en 1215 et par le pape Grégoire IX en 1231.

Enfin, un autre fait, plus grave assurément par ses conséquences pratiques, fut l'admission au *Studium* de l'étude du Droit romain, longtemps, et très habilement, écartée par les papes à Paris.

« Il faut convenir, a écrit M. Gatien-Arnoult[1], que ces annonces et promesses forment un singulier contraste avec l'idée que se font généralement nos écrivains de cette Université nouvelle. Pour employer le mot qui convient le mieux, quoiqu'il paraisse moderne, l'Université se posa comme éminemment *libérale*, et ce fut au nom de la liberté qu'elle fit appel à la population studieuse. » Et telle est l'exacte vérité.

Nous laissons pour le moment de côté les appréciations sur le fond de cette œuvre d'innovation, sur son but et ses destinées; nous nous en rendrons mieux compte, lorsque nous aurons vu les incidents du recrutement et la formation du personnel du *Studium* qui allait réaliser son œuvre. Il n'y avait sur ce point, au fond, aucune exagération dans le programme.

Mais comment avait pu se produire tout à coup cette multiplication d'enseignements et de maîtres, et surtout cette direction, en un sens, très réformatrice?

1. *Mémoires de l'Académie des sciences de Toulouse*, 1857, p. 217.

L'explication est aussi simple que singulière, à certains égards.

D'abord, quelques professeurs, mais peu de théologiens, lesquels ne firent leur entrée que plus tard et s'effacèrent au début, des grammairiens notamment, avaient été amenés de Paris par le légat du pape[1].

Mais une autre catégorie de maîtres, avec leurs étudiants, était venue se joindre inopinément à ceux-ci. Et voilà l'incident vraiment curieux.

En cette même année 1229, l'Université de Paris, dont un certain nombre d'étudiants avaient été malmenés et même emprisonnés brutalement ou massacrés, par ordre de l'autorité, demandait qu'il lui fût fait réparation. Ne pouvant pas l'obtenir, elle s'était mise tout entière en grève générale, comme on fait de nos jours, à suite des délibérations en forme. Les maîtres et les élèves s'étaient tous immédiatement dispersés à travers les diverses régions de France et de l'étranger.

Le roi d'Angleterre rendit une ordonnance en vue d'attirer chez lui ces grévistes d'un genre spécial. Partout ils furent accueillis avec empressement.

Or, les historiens, et entre autres du Boulay, rapportent que l'Université naissante de Toulouse en reçut un grand nombre : « Multi quoque magistri et scolares Tolose venerunt et rexerunt ibidem[2]. »

Les maîtres enseignèrent, « rexerunt », dit la chronique. C'était un contingent inattendu et qui ne persista qu'en partie, sans aucun doute.

---

1. C'est justement l'un de ces grammairiens qui nous l'apprend. C'est Jean de Garlande, un Anglais de l'Université d'Oxford, venu à celle de Paris, comme beaucoup de ses compatriotes, et de là à Toulouse, conduit par le légat :

> Parisius doctos abbas elegit : et illos
> Duxit legatus, munera larga pluens.

Voir *Histoire littéraire de la France*, 2e série, t. XII, p. 91.

2. *Hist. universitatis Parisiensis*, t. III, p. 134, qui cite le texte de la *Chronica Bertrandi anno pretextata 1229.*

Mais, redisons-le, il vint s'ajouter un élément très stable, celui-là, très influent, indépendant et énergique : les civilistes locaux, qui professèrent aussi au *Studium* dès le début, ne faisant que continuer ainsi leur enseignement séculaire du Droit romain pratiqué dans tout le pays.

Donc, dès le premier jour, ce sera l'élément scientifique et littéraire, l'élément des sciences profanes, qui aura la majorité sur l'élément religieux, dans la direction du *Studium*.

Cette majorité était déjà acquise très intentionnellement, nous le prouverons, par les termes du traité; elle devait s'étendre et devenir à peu près absorbante par l'invasion des Parisiens et plus encore par la suppression à peu près complète des théologiens.

C'est dans les couvents, mais pas du tout à l'Université, ʳue la Théologie, c'est-à-dire le règlement du dogme et par suite des hérésies, fut professée à Toulouse au treizième siècle. C'était aux Frères Mineurs (Cordeliers) et aux Frères Prêcheurs (Dominicains) que cet enseignement avait été réservé, « comme se rattachant de trop près aux controverses de l'albigéisme... L'Église romaine hésita longtemps, dit le savant M. Molinier[1], avant de confier à l'Université de Toulouse le droit de donner la licence aux clercs qui avaient fréquenté ses écoles ».

Nous verrons M. Fournier affirmant, dans son *Histoire de la science du Droit* ce fait qui est en contradiction complète avec les théories qu'il a développées par la suite dans son important ouvrage[2].

Il a dit, expliqué, et l'on a répété bien souvent, avant et après lui, disions-nous plus haut, que l'Université de Toulouse avait été créée, comme une arme d'intolérance et de

---

1. *Histoire de Languedoc*, 2ᵉ édit., t. VII, p. 574.
2. Il faut reconnaître cependant que la théologie ne fut pas tout à fait abandonnée à l'Université durant même les plus anciennes années. Ainsi une bulle d'Innocent IV de 1245 (Fournier, *Statuts*, t. I, p. 251) parle des *magistri Theologiæ quando inciplant legere*. Mais toutes les bulles de cette époque respirent la mansuétude et la paix en parlant de l'Université.

lutte, à côté des inquisiteurs notamment, contre l'hérésie albigeoise. Sismondi et Henri Martin l'ont affirmé sans discussion. Henri Martin expliquait que « c'était la lourde scolastique du Nord qu'on introduisait sur le cadavre de la littérature nationale du Midi », et Sismondi assurait que l'Eglise voulait qu'il n'y eut plus d'autres docteurs que les siens ». M. Fournier a écrit : « On avouait ouvertement que la création du *Studium* était faite pour arrêter l'hérésie, et les événements, ajoute-t-il, ne devaient laisser aucun doute[1]. » Pourquoi donc alors les théologiens se séparèrent-ils immédiatement et presque complètement de l'Université?

Nous considérons comme un devoir de détruire l'erreur de ces allégations hâtives et de pure impression, acceptées, sans doute, à cause des excès trop justement reprochés, de beaucoup d'autres parts, à cette époque. C'est une confusion inexacte et fâcheuse que nous repoussons, en nous autorisant du texte du traité et de celui du programme, aussi bien que de la suite des faits incontestables et décisifs.

On nous excusera de nous arrêter sur cette question mal connue et très intéressante à nos yeux. Nulle occasion de le faire ne pouvait être meilleure en vue de réclamer la vérité pour nos origines.

On le voit, nous avons tenu à indiquer d'abord comment le *Studium* s'était recruté. Nous pourrons à coup sûr plus aisément comprendre et affirmer maintenant, à notre tour, ses tendances, ses œuvres et ramener ainsi à la réalité la légende confuse, acceptée, et même obstinément soutenue, dans les travaux considérables les plus récents.

1. Sismondi, *Histoire des Français*, t. VII, p. 86. — Henri Martin, *Hist. de Fr.*, 1re édit., t. IV, p. 362. — Fournier, *op. cit.*, p. 218. *Histoire.*

III.

L'UNIVERSITÉ ET L'INQUISITION; LEURS CARACTÈRES ET LEURS
RÔLES RESPECTIFS. — DOUBLE OBJET DU TRAITÉ DE 1229 :
INTÉRÊTS RELIGIEUX ET INTÉRÊTS POLITIQUES. — COM-
MENT L'UNIVERSITÉ SE CONFORME A CE DOUBLE OBJET. —
SON PROGRAMME SCIENTIFIQUE EST ORTHODOXE, MAIS CONCI-
LIANT ET LIBÉRAL; SA DIRECTION CONDUIT AU DÉVELOP-
PEMENT ET A LA CONSOLIDATION DE L'UNITÉ NATIONALE.

Pour justifier nos opinions, nous examinerons en quelques
lignes, à ce point de vue, d'abord le texte et l'esprit du traité,
et ensuite, de plus près; le programme solennellement publié
urbi et orbi dès le premier jour pour proclamer l'esprit
nouveau.

Ce n'est pas seulement, en effet, l'incident singulier de
son mode de recrutement qui devait assigner à l'Université
sa direction spéciale et nouvelle. Le pouvoir royal avait
voulu préparer, par le traité lui-même, les événements qui
s'y prêtèrent, certes, de leur mieux.

Nous avons déjà fait observer, en effet, que, dans le traité,
les sciences dites profanes sont en majorité. Les arts libéraux et la grammaire, c'est-à-dire les sciences et les lettres,
y comptaient huit maîtres, contre six d'ordre religieux, et
sur ces six, les quatre principaux, les théologiens, allaient
s'effacer pour longtemps.

Et d'abord le traité. On a pu se tromper peut-être sur l'ensemble de ce document complexe, à l'aspect redoutable de
ses premières dispositions; or si c'est par elles qu'on a jugé
du reste, on a commis une grave erreur.

Toute cette première partie reproduit, il est vrai, les mesures violentes et lugubres que l'ordonnance royale de 1229,
dite *Cupientes*, avait déjà organisées.

C'est presque la guerre qui se survit à elle-même, dans la

3

poursuite d'un ennemi que l'on veut anéantir par tous les moyens, jusque dans ses repaires les plus cachés. Et c'est sous le nom d'hérétiques qu'on le poursuit. L'inquisition fut fondée presque en même temps, par la bulle de Grégoire IX de 1229[1], spécialement contre les Albigeois. On sait quels furent aussi ses excès.

Certes, les manifestations subversives et dangereuses pour la paix publique, quelle que soit leur forme extérieure, peuvent être légitimement combattues partout et réprimées suivant les nécessités du temps, mais le for intérieur et la liberté de conscience doivent être respectés. Si l'Etat recherche les faits internes et inoffensifs pour les punir, il dépasse l'étendue de ses droits.

Tel était en effet le principe que rappelait sans cesse Innocent III et que reconnaissait formellement Grégoire X et bien d'autres papes après eux. Mais ce principe, avec les troubles et les passions de ces temps, pouvait aisément dégénérer dans son application.

Les écrivains les plus dévoués à l'Eglise reconnaissent qu'il en fut ainsi trop souvent, surtout en raison des horreurs de la procédure criminelle et de ce qu'on appelait le bras séculier. « Ceux qui constateront, dit l'un des plus accrédités de ces écrivains, que... l'emploi de la contrainte... a mal servi les intérêts de la religion ne seront pas désavoués par l'Eglise[2]... »

Et pour revenir au traité, nous dirons que, quels qu'eussent été les crimes et les déprédations des Cathares, toute cette première partie, conçue dans ce même aspect d'intolérance, paraît vraiment féroce à leur égard, car ils étaient, désormais, des vaincus.

Mais la suite du traité, la partie purement politique fut conçue dans un tout autre esprit, et, à nos yeux, l'institution de l'Université fut un fait plutôt d'habile politique,

1. Cette date est discutée, mais peu nous importe ici. Voir Léa, *Histoire de l'Inquisition*, traduction S. Reinach, p. 374.
2. P. Deviviers, *Cours d'apologétique chrétienne*, 17ᵉ édit., p. 507.

où la religion ne vint en réalité s'ajouter que d'une façon secondaire. Quelles que fussent les apparences au début, ce fut en fait, non pas l'œuvre du Pape, mais celle du Roi.

L'Université fut établie et surtout fonctionna quelque temps dans un esprit de tolérance, de libre discussion et de critique scientifique, vraiment surprenant pour l'époque et absolument nouveau dans les Universités du siècle. Nous l'avons déjà fait pressentir par les circonstances de son recrutement et occasionnellement par les premiers mots du programme solennel dans lequel elle se fit connaître; il nous reste à en donner les preuves.

Les papes l'accueillirent sans être nullement inquiets de ces procédés de liberté dogmatique et d'apaisement, ils les utilisèrent autant que possible, en même temps que les autres procédés de nature absolument opposée. Ils entourèrent l'Université naissante, et telle quelle, de toutes leurs faveurs et de toutes leurs sollicitudes.

On peut dire qu'ils voulurent, ainsi que les rois, prendre à leur service deux moyens d'action de caractères très différents, mais tous les deux simultanément utilisables dans leurs voies respectives : le système inquisitorial d'une part, et d'autre part l'Université.

Et c'est bien en ce sens qu'est le contexte et la logique du traité. Il commence par l'œuvre de contrainte, et puis, après s'être occupé de réparer certains maux de la guerre, il arrive à la fondation de l'Université imposée au comte.

Dans cette seconde partie du traité de Paris, la contrainte et ses sombres procédés cèdent la place à la politique calme et prévoyante. C'est le pouvoir royal, surtout, qui va occuper la scène en vue de ses accroissements actuels et prochains, en vue surtout de l'unification du royaume de France que l'on va étendre jusqu'à ses frontières naturelles, au Midi.

Jean de Garlande a fait ce classement des choses avant nous, avec l'autorité d'un témoin contemporain des faits, reproduisant les impressions exactes du moment et très capable d'en juger par lui-même.

Pour préparer cette unification, déjà presque réalisée, on voulut légitimer, en quelque sorte, la conquête ; il y avait d'ailleurs des ménagements nécessaires à prendre envers les régions méridionales rudement soumises. Après la victoire par la force et les armes, il fallait apaiser les esprits, rassurer les intérêts, éveiller les sentiments de concorde anéantis par une horrible guerre. Le traité voulut y pourvoir.

Ce fut d'abord un mariage entre la fille unique du comte et le frère du roi de France, une alliance princière entre le Nord et le Midi, avec des clauses sur les successions futures, la cession de fiefs et arrière-fiefs. On voulait assurer aussi l'œuvre de persuasion, c'était l'accord des sentiments et des pensées pénétrant librement dans les esprits. Le Pape devait le désirer non moins que le Roi. On y pourvut, en partie du moins, par la création d'un haut enseignement public, dont l'immense portée intellectuelle et pratique venait de se révéler tout à coup dans les grandes Universités de Paris, d'Oxford, de Bologne, comme peu après elle devait le faire dans celles de Toulouse, de Salamanque et de quelques autres.

Chacune de ces Universités puissantes avait son caractère particulier, mais c'était, pour toutes, avec une vitalité généreuse et un éclat mondial dont rien ne peut aujourd'hui nous retracer l'image. « Presque seule des Universités de France, l'Université de Toulouse fut créée de toutes pièces », dit M. Molinier. Elle devait répondre aux nécessités immédiates.

Et c'est là ce que Jean de Garlande, le maître d'Oxford et de Paris, sait bien, et c'est pour cela qu'il fait, à notre avis, une association d'idées très voulue dans son récit contemporain des événements :

> *Cognatus regis paci revocatur ab armis*
> *Remundus, tali conditione tamen*
> *Quod Comitis natam Robertus frater haberet*
> *Regis, at Alphonso postea nupta fuit ;*
> *Quod proprio sumptu Studium solemne Tholose*
> *Fundaret* [1].

1. Fournier, *Statuts et privilèges*, I, p. 442.

« La fille du comte fut mariée à Alphonse, frère du roi. Et le comte dut fonder à ses propres dépens la grande Université de Toulouse » : *Solemne Studium Tholose*. Tels sont les deux premiers vers de cette poésie sur la fondation de l'Université de Toulouse.

Un mariage royal et une grande Université créée sur place, de toutes pièces, pour lui servir de soutien intellectuel et moral, voilà ce que signifie ce récit. Et si l'on ne veut pas admettre que ce fut une prévision royale, bien plus que religieuse, on sera bien forcé de reconnaître, du moins, en présence des faits, que telle fut la solution presque immédiatement réalisée par les événements.

Ce n'est pas l'ordre du traité, il est vrai, mais c'est celui de Jean de Garlande que nous avons rapporté, c'est le rapprochement des alliances familiales et du *solemne Studium* qui reproduit les impressions ressenties au moment même.

Et les deux procédés marchèrent si bien d'accord, en effet, vers leur but commun, du moins pour le roi, que celui-ci devenait maître du comté en 1271, et que presque aussitôt les légistes de l'Université de Toulouse se montraient, avec Philippe le Bel, « les plus redoutables serviteurs du pouvoir royal », suivant l'énergique expression de M. Hanotaux[1].

Voilà ce que nous avons le droit de conclure, en fait, du texte du traité, et voilà comment nous établissons des distinctions nécessaires pour rentrer dans la vérité historique.

Après le traité, le programme. Nous invoquerons à son tour la fameuse circulaire-programme qui en fut l'application et dont nous connaissons le début. Il est important d'en voir de près les termes et le fond. Ce sera le complément d'une restitution que nous voudrions rendre définitive.

C'est encore Jean de Garlande qui nous a transmis, dans sa poésie historique très intéressante sur le *Triomphe de*

1. *Loc. cit.*

l'Eglise, le précieux prospectus dont l'origine atteste l'importance indiscutable[1].

Nous avons signalé, dès ses premières lignes, un mot : *in nova radice statuentium;* et puis deux faits qui dominent tout le reste de la circulaire et déterminent immédiatement toute sa portée.

Le mot annonce un esprit nouveau. Les deux faits, nous les connaissons, ils sont très significatifs. On introduit au *Studium,* par une faveur inusitée, l'étude de la philosophie naturelle d'Aristote, et l'on autorise ensuite l'enseignement des textes de Justinien que la papauté n'avait pas cessé de prohiber à Paris.

Dans cette circulaire *urbi et orbi* plus de sombres persécutions ni de trace de luttes, tout est à la paix, à la conciliation, à la liberté des doctrines et des âmes.

« Ut ubi pridem », proclame le *Studium,* « gladii viam vobis fecere, pugnetis acumine lingue; ubi bellica strages inhorruit, pacifica militetis doctrina, ubi pravitatis heretica silvestris spinatum excrevit, cedant fidei catholice per vos ad sidera. »

C'est l'œuvre paisible substituée à la guerre, et la circulaire pompeuse le redit encore en vers :

Hic est pax, alibi toto Mars sœvit[2] in orbe
Sed Martem prius et mortem locus iste recepit.

1. Plusieurs historiens, et notamment M. Fournier, ont dit que ce prospectus était peut-être l'œuvre de Jean de Garlande ou qu'il y avait collaboré et que ce document était d'ailleurs dénué d'autorité. Malgré les analogies du style qui tiennent en réalité à la mode du temps et de la région, cela n'est pas possible. Toute la littérature très considérable de Jean de Garlande est d'une intolérance absolument en contradiction avec les principes du prospectus. Elle place fréquemment au rang des héros ceux qui ont commis les abus les plus odieux de la persécution religieuse. Il est à cet égard dans la minorité du *Studium.* L'authenticité et l'importance du prospectus libéral deviennent très certaines, en émanant ainsi du récit d'un de ses adversaires à l'Université elle-même. Il ne peut y avoir aucun doute. Le manuscrit déposé au British museum a été publié par M. Thomas Wigth, correspondant de l'Institut. M. Leclerc en a rendu compte dans le tome XXII de l'*Histoire littéraire de la France.* — M. Gatien-Arnoult en a reproduit le texte et la traduction (*Mém. de l'Acad. des sc. de Toulouse,* 1857, p. 209). — M. Fournier reproduit aussi le texte, *Statuts,* p. 438, t. 1.

2. M. Fournier porte « sevit ». *Loc. cit.*

Voilà l'esprit de l'institution, et quant à sa direction scientifique, elle est encore plus énergiquement exprimée : c'est
la liberté de doctrine rendue compatible avec les mœurs du
temps. « *Quid deerit vobis?* » dit le texte, « *libertas scho-
lastica? Nequaquam; quia nullius habenis dedit propria
gaudebitis libertate.* » Que vous manquera-t-il? La liberté
scolastique? Non, assurément, car, déliés de tout frein, vous
aurez les joies de votre propre liberté.

M. Gatien-Arnoult, après avoir lu ces paroles à son nombreux auditoire de la Faculté des Lettres de Toulouse, en
1866, lui disait :

« Vous en avez compris le sens profond et l'idée dominante qui se résumaient dans l'amour du progrès scientifique et dans la pensée que ce progrès ne peut être obtenu
sans la liberté de l'école[1]. »

Assurément, de pareilles doctrines n'étaient pas du goût
de tout le monde, au treizième siècle, et M. Gatien-Arnoult
le prouvait, en analysant le texte d'un sermon prononcé par
le moine Hélinand, le jour de l'Ascension de 1229, à l'église
Saint-Jacques, spécialement pour les *clericos scolares*, et
qui n'admettait certes pas les idées du prospectus. Mais le
moine Hélinand ne faisait pas partie du *Studium*, et M. Gatien insistait, pour bien préciser que la « lettre-prospectus
était évidemment le manifeste de l'École ».

Comment a-t-on pu renvoyer dès lors aux travaux de
M. Gatien-Arnoult, pour dire que l'esprit intolérant du *Studium* était officiellement représenté à son inauguration par

---

1. Ce programme a parfois le tort d'être écrit en style emphatique,
lorsqu'il parle, par exemple, d'une terre où coulent le lait et le miel, où
lorsqu'il mêle la mythologie au langage chrétien, suivant la mode de son
temps et de son pays.

Mais il ne peut être pris qu'au pied de la lettre, au contraire, lorsqu'il
proclame sa doctrine de tolérance et de concorde en opposition formelle
avec les termes violents de la première partie du traité de 1229 contre les
hérétiques non soumis. Tolérance et libéralisme, relatifs encore, si on
veut, mais l'extrême opposé des doctrines et des procédés de persécution.
(V. *Revue de Toulouse*, 1866, p. 287.)

« un vrai réquisitoire » contre les hérétiques? M. Gatien a complété et affirmé sa pensée exacte à ce sujet.

C'est dans un sermon que ces exhortations étaient faites, par un moine étranger à l'Université; en présence, il est vrai, des étudiants, mais dans l'église et durant les cérémonies de l'Ascension. Quant au manifeste de l'École, M. Gatien se réjouit de pouvoir en dire tout le contraire; les mots que nous avons cités le prouvent suffisamment[1].

Et il disait encore à ses auditeurs de 1866 : « J'aime à croire que vous avez entendu cet écho des paroles des anciens jours, qui n'avait jamais frappé vos oreilles, avec le même genre de plaisir que vos prédécesseurs entendirent les paroles elles-mêmes, il y a plus de six siècles. »

Incontestablement, les papes considérèrent le *Studium* comme une œuvre orthodoxe, car le programme l'affirmait hautement au milieu de ses innovations autorisées, et il ne fut pas contredit, par les faits du moins, jusqu'aux incidents de Philippe le Bel. Grégoire IX, en 1233, avait connaissance du programme et de la direction des études, ce qui ne l'empêchait pas d'affirmer que la foi catholique était favorisée par le *Studium* et qu'il fallait en assurer le maintien.

Et c'est dans le même sens que le même pape Grégoire IX écrivait au comte, en 1236[2], des paroles qui ont trompé les historiens, parce qu'on s'est mépris sur leur sens. Il faut en terminant faire justice de cette erreur pour ainsi dire fondamentale. Ces paroles sont parfaitement d'accord avec le programme du *Studium*, qui veut substituer aux armes de la guerre les armes de la discussion scientifique.

Les mots « ad heresim fortius confutandam », que l'on présente comme décisifs et redoutables, ne sont pas des mots d'intolérance, mais des termes consacrés, de contro-

---

1. M. Fournier s'est évidemment trompé sur le sens des études de M. Gatien. L'indication est d'ailleurs inexacte pour l'une de ces études : c'est *Revue de Toulouse* 1866 et non 1880. (*Hist. de la sc. du Droit* t. III, p. 21.)

2. Lettre de Grégoire IX, *Stat.*, p. 443.

verse classique. *Confutatio* ne veut pas dire écrasement, c'est au contraire le mot de la technique littéraire consacré à la partie du discours qui suit la confirmation, c'est la *réfutation*[1]; c'est-à-dire, de toutes les armes la plus courtoise en elle-même et la plus respectueuse de la libre discussion. Au surplus, le mot s'appliquait à l'œuvre du Concile de Toulouse et non à l'Université.

Voilà l'argument de texte qui, avec la notion confuse de l'esprit général du treizième siècle, a fait de la grande Université de Toulouse une institution d'intolérance et de passion religieuse à son début. Rien n'est plus faux. Elle fut l'élément relativement libéral du catholicisme non militant et de la pacification par les lettres et la science.

Et cela répondait à ces traditions méridionales dont Henri Martin déplorait l'écrasement par la lourde scholastique du Nord et que M. Luchaire décrit si bien, dans cette première phrase de son livre tout récent : « Dans la France ensoleillée, Gascogne, Languedoc et Provence, vivait au douzième siècle un peuple aimable, beau parleur et de mœurs faciles... surtout extraordinairement tolérant. » C'était le pays *del Gay Saber*, des Capitouls indépendants, des Troubadours cherchant aventure avec leurs poésies, et toujours écoutés dans les châteaux et dans les villes.

Pour réussir, l'Université naissante devait reprendre ces traditions littéraires, juridiques et tolérantes du Midi de la France qu'une terrible guerre avait bien pu interrompre, mais pas détruire. L'esprit, non moins que le style imagé et débordant de son appel à l'univers savant, nous avaient fait sentir, à l'avance, toute l'habile opportunité des moyens choisis pour se faire entendre dans ces régions « ensoleillées ». Et l'œuvre obtint un plein succès.

Assurément on aura compris nos insistances, en constatant qu'elles ne sont que la réfutation d'un système édifié, en apparence très solidement, sur des documents anciens

---

1. Cic., *ad Herennium*.

et perpétué sans autre protestation que celle de M. Gatien-
Arnoult.

C'était bien, en célébrant un de nos centenaires, le moment de discuter de près et de résoudre la question restée
si longtemps douteuse de nos débuts officiels.

En résumé, et à notre point de vue spécial du Droit, que
s'est-il passé à la création de notre Université? Comme dans
toute institution libérale, les esprits se sont divisés et il est
resté, à côté de la majorité qui a rédigé le programme, une
minorité qui le subissait et protestait au dehors, dans les
couvents du moins. Mais les tendances qui l'emportaient à
l'Université étaient de tout temps celles de la *Civitas Palladia* et du pays tout entier, c'était un retour naturel aux
traditions de l'esprit ancien.

Ainsi s'expliquent les alternatives de paix et de discorde
que nous pourrions signaler par la suite, pendant que se
développait au premier rang la Faculté de Droit, comme
faisait la Faculté de Médecine à Montpellier.

Il en fut hautement ainsi pour le Droit, à Toulouse, par la
force des choses et parce que le Droit romain était depuis
des siècles le Droit étudié et pratiqué dans nos régions.

Son enseignement faisait partie intégrante des mœurs
municipales qui se conservaient depuis la conquête romaine.

Les papes, qui avaient supprimé le Droit romain à l'École
de Paris, n'auraient pas pu faire de même chez nous, pas plus
qu'en Italie. C'est par son enseignement seul, à peu près, que
notre Université devait atteindre son étonnante apogée de la
Renaissance.

Et on peut ajouter que nous portons encore, à bien d'autres égards, les marques ineffaçables de nos origines latines.

Notre vieille langue romane, populaire, imagée, poétique
souvent et sonore, l'atteste tous les jours autour de nous.

C'est un rameau du beau langage des provinces latines de
la France ravivé par Goudelin, Despourrins, Jasmin et notre
glorieux Mistral.

Ainsi que de graves coutumes juridiques ou familiales,

par exemple le régime dotal des Romains, elle survit encore
alerte et vive, sans danger pour la fusion des races, dans le
peuple des villes et surtout dans celui des campagnes de
notre Midi joyeux.

Le comte résista vainement contre des influences nouvelles et redoutables pour son autorité. Il encourait pour
ces faits l'excommunication. Mais l'Université s'acheminait
bientôt vers ses brillantes destinées, soutenue à l'envi par
les papes et par les rois de France qui rivalisaient d'encou-
ragements intéressés autour d'elle.

Le pouvoir royal avait voulu préparer et soutenir l'unité
nationale en s'appliquant à répandre du centre à la circon-
férence, sans contrainte et par la plus grande puissance
intellectuelle de l'époque, la même éducation scientifique,
littéraire, artistique, le même souffle bienfaisant et pacifi-
cateur. Il ne s'était pas trompé.

Dès les débuts, nous allons voir les juristes de l'École tout
naturellement désignés en raison de leur valeur morale et intellectuelle, de leur haute réputation d'impartialité, pour
occuper les plus hautes fonctions de la politique et de la
justice, tour à tour par le peuple, les papes et les rois.

Ils contribuèrent d'abord, avec leurs collègues de l'Université nouvelle, avec le *Studium solemne*, et « cum libertate
scolastica », c'est-à-dire sagement et fermement, à la fusion
morale et patriotique du Nord et du Midi, à l'initiation des
races réconciliées, vers cette unité nationale ébauchée dans
l'ancienne Gaule, qui n'aurait pas dû se rompre et qui allait,
grâce à Dieu, devenir à jamais indissoluble.

Notre Université toulousaine, notre Faculté de Droit spécialement, pouvaient-elles avoir une plus haute mission et
de plus nobles origines?

IV.

FONCTIONNEMENT DE L'UNIVERSITÉ ET DE LA FACULTÉ DE
DROIT, SEULE ORGANISÉE D'ABORD. — L'ŒUVRE DES THÉO-
LOGIENS RESTE, CHEZ LES ORDRES RELIGIEUX, TRÈS DIS-
TINCTE DE L'ENSEIGNEMENT DU *Studium*.

Pour se rendre exactement compte des documents et des
faits accomplis à Toulouse depuis 1220, il faut se rattacher
à la distinction fondamentale que nous avons établie, il faut
séparer l'enseignement purement scientifique du *Studium* de
l'œuvre religieuse des théologiens accomplie par les Dominicains et les Cordeliers, d'accord avec l'esprit et la fonction
judiciaire de l'Inquisition récemment fondée à Toulouse, et
confiée par le Pape aux Dominicains.

Ceux même qui reconnaissent cette scission l'oublient
trop et parfois se laissent aller à confondre les deux choses,
en faisant sans précision le récit des événements.

Ainsi, les querelles des Dominicains avec les magistrats
municipaux n'ont rien de commun avec l'Université, et lorsque les capitouls chassèrent ces religieux de la ville, en 1215,
l'Université ne subit elle-même aucune atteinte de ce fait qui
lui était étranger. C'est donc une erreur de dire que l'Université tomba peu après ses débuts et qu'en 1215 Grégoire IX
dut intervenir pour la sauver[1].

En 1215 le *Studium*, loin de dépérir, avait si bien con-
tinué à marcher, en dehors des luttes religieuses, dans la
voie des développements matériels et du progrès, qu'un simple
particulier, Vital Galtier, dès 1213, inaugurait l'établissement

---

1. *Contra* Fournier, *Hist. de la science du Droit*, p. 223 et suiv. — La
lettre de Grégoire IX de 1239 parle de violences contre les moines inquisiteurs et se plaint de l'infidélité du comte à ses engagements. L'Université a droit à ce qui lui a été promis; le pape le réclame avec amertume
au comte. *Statuts*, t. I, p. 411.

de ces collèges, sortes d'asiles pour les étudiants pauvres, qui devaient se multiplier à l'envi dans le quartier des écoles, jusqu'à dépasser le nombre des institutions charitables du même ordre à Paris. Ce bienfaiteur du *Studium* grandissant léguait vingt-trois maisons destinées à recevoir au moins vingt étudiants sans ressources personnelles[1], originaires des douze diocèses environnant celui de Toulouse.

En même temps les faveurs des papes s'accumulaient par les bulles réitérées de Grégoire IX, d'Innocent IV et d'Urbain V, qui reconnaissaient à l'Université de Toulouse les mêmes privilèges de protection et de juridiction spéciale, devant l'évêque, qu'à celle de Paris.

L'enseignement du Droit romain rendu officiel et public avait été accueilli avec empressement, comme un inestimable privilège.

Il donnait satisfaction au désir naturel de conserver à la cité une de ses traditions essentielles et de maintenir les principes de droit et de politique qui n'étaient pas encore enseignés ailleurs.

Il assurait le succès de l'Université et servait ainsi les intérêts des Toulousains qui devaient en tirer profit et honneur.

Mais il y avait des raisons plus importantes et plus générales, pour expliquer cet engouement extraordinaire.

C'est que l'on ne trouvait qu'une aristocratie très réduite, au-dessous des empereurs de Rome et de Constantinople dont les juristes expliquaient et exaltaient les constitutions. C'était là, pour ces époques féodales et tourmentées de divers côtés, le spectacle enivrant des perspectives égalitaires sous l'autorité d'un chef unique, lointain et haut placé. Et telle était devenue la doctrine chère aux légistes, celle qu'ils s'efforçaient de répandre. Nous y reviendrons.

Dans des temps où on lisait très peu et où l'on ne parlait

1. M. Fournier constate ces faits, mais sans expliquer comment il peut les accorder avec la chute du *Studium* dont il parle pour le même temps. *Op. cit.*, pp. 28) et suiv. — V. le testament de Vital Galtier, *Statuts*, t. I, p. 417.

guère que dans les chaires de l'Eglise, cet enseignement
avait des éléments de succès certains qui n'existent plus au
même degré, lorsqu'on parle de tout et partout.

Les papes l'avaient bien compris, à leur point de vue, et
ils s'étaient défendus contre les légistes et leur politique
d'unifications des pouvoirs locaux, partout où ils l'avaient
pu. Ils n'avaient pas pu le faire à Toulouse, comme ils
l'avaient fait aisément à Paris et ailleurs, et l'Université
avait mis tout cela à profit pour grandir.

Et ce qui prouve bien encore que les étudiants affluaient,
c'est qu'en 1268 on prenait des mesures pour arrêter les
désordres qu'ils occasionnaient parfois dans la ville et qu'on
leur défendait, dans ce but, de porter sur eux des armes,
sous peine d'excommunication.

Cette prohibition souvent renouvelée par la suite est un
des symptômes des mœurs passionnées et turbulentes de
cette jeunesse des grandes universités d'antan.

A ce sujet, l'évêque de Toulouse se vit même obligé,
en 1269, de transmettre ses pouvoirs de répression aux
Capitouls, plus énergiques, mieux armés et qui en abusèrent
bientôt. Les démêlés bruyants entre les écoles et la police
municipale ne tardèrent pas à commencer, pour durer bien
longtemps encore.

En 1292, Philippe le Bel prenait la défense des étudiants
et réprimait les excès du pouvoir, en défendant aux consuls
de les livrer à la torture et de jeter de nuit leur corps dans la
Garonne.

Nous ne nous arrêterons pas davantage aux documents
officiels nombreux se référant à cette époque, encore assez
obscure, du treizième siècle. Au surplus ces documents,
même les plus formels, ne donnent par eux-mêmes qu'une
idée de la vie extérieure des personnes et des choses, comme
le fait remarquer M. Molinier, précisément à l'occasion de
ces premiers temps de notre école.

Mais, à côté de cette vie agitée des étudiants, que nous
dépeindrons bientôt par des faits, la considération acquise

par les juristes du *Studium* éclaire d'un jour brillant ce premier demi-siècle de son existence; car nous allons retrouver souvent leurs noms rapportés par les actes les plus solennels de la politique et du Droit, au rang des jurisconsultes accrédités et des grands magistrats.

Les faits abondent en ce sens.

Raymond VII, le dernier comte de Toulouse, dont la mort devait entraîner bientôt après l'absorption du comté dans le domaine de la couronne, avait fait un testament qui soulevait de graves difficultés; on discuta sur sa validité et vingt juristes signèrent la consultation qui fut rendue.

Or, parmi ces juristes figuraient deux professeurs de Droit de l'Université, « Girardus de Andriano, doctor legum », un civiliste, et « Guido de Regio, doctor in decretis », un canoniste.

Ceci se passait en 1249, c'est-à-dire moins de vingt ans après la date de la création de l'Université.

Dix années après, en 1259, un fait de même nature se reproduit. Cette fois, c'est le testament de la princesse Jeanne, la fille unique du comte, celle dont le décès sans enfants faisait passer le comté dans le royaume de France, qu'il s'agissait d'interpréter.

Deux maîtres de la Faculté de Droit sont appelés encore pour cette œuvre également importante.

Enfin, c'est dans l'acte de prise de possession du comté par le roi, qu'en 1271, un « Doctor legum », c'est-à-dire un professeur de Droit civil, est signalé comme témoin de cet acte solennel qui rattachait pour toujours le Midi à la patrie française.

Et comme pour prouver, enfin, que la Faculté est représentée dans tous les événements d'ordre supérieur, à ces premiers jours d'une civilisation reconstituée, voici qu'apparaît bientôt l'alliance nouvelle, très opportune et qui devait se continuer pendant des siècles, entre la magistrature et l'enseignement du Droit.

En 1273, lors de l'institution du premier Parlement de

Languedoc qui se tint à l'abbaye de Sorèze, c'est un professeur de Droit civil qui occupa les fonctions du procureur
général. Il se nommait de Miramont, « doctor legum ».

En 1280, Pierre de Belleperche illustrait notre Ecole par
ses premiers travaux. Evêque d'Auxerre en 1306, il devint
chancelier de France et fut l'un des ministres de Philippe le
Bel les plus influents et les plus actifs, dans les démêlés
financiers et religieux du royaume. Ses nombreux ouvrages
de Droit ont eu plusieurs éditions ; ils jouirent longtemps
d'une grande autorité.

Dans le même courant d'idées et à la même époque, le nom
de Nogaret, assombri par les souvenirs d'Anagni, était représenté à l'Ecole de Droit de Montpellier et à la nôtre[1].

En sens inverse, Arnaud Novelli, professeur de Droit à
notre Faculté en 1286, était appelé peu après au cardinalat ;
il était légat du pape en Angleterre en 1313.

Vers les mêmes temps, Guillaume Durand, surnommé
Speculator, professeur et recteur de l'Université, fut choisi
par le Pape comme gouverneur de la Romagne et de la
marche d'Ancône.

En 1290, Jacques de Revigny (*Jacobus de Ravanis*) argu-
menta publiquement, comme professeur de Droit romain,
avec François Accurse, de passage à Toulouse, ce qui témoigne du renom déjà considérable de notre Faculté. Bartole
rapporte qu'il tient le fait de son maître Cinus, et Savigny
a donné à ce récit l'autorité de son nom[2].

La circulaire programme de 1220 avait été comprise et
immédiatement suivie d'effets ; la science médiévale comptait un ardent foyer d'études de plus.

Toulouse, Montpellier, Salamanque répandaient les lu-
mières de leurs discussions et de leurs travaux dans toute

1. Guillaume de Nogaret, né à Caraman, près Toulouse, avait fait son
Droit à notre Faculté. Il avait ensuite été attaché à celle de Montpellier.
En 1307, Etienne de Nogaret était professeur à Toulouse ; il fut ensuite
conseiller au Parlement ; il était de la famille du trop célèbre délégué royal.
2. *Contra* Fournier, *op. cit.*, p. 223.

l'Europe du Sud-Ouest et échangeaient avec les autres Universités, suivant la coutume antique, leurs maîtres et leurs élèves par d'incessantes pérégrinations. On suppléait ainsi, pour la controverse scientifique, aux facilités merveilleuses de communication que la poste, la presse et ses périodiques surtout ne devaient révéler que bien longtemps après.

Jusqu'aux dernières années du treizième siècle et au delà, les papes exercèrent, on le voit bien, une autorité considérable sur les Universités, par l'intermédiaire des légats, des évêques et des chanceliers. Il nous reste un mot à dire à cet égard.

Les bulles publiées en ce sens et mises en ordre dans les collections des documents sont innombrables au Moyen-Âge, mais vont en décroissant, à mesure que le pouvoir des papes s'efface devant celui des rois.

La cour de Rome était renseignée par les incessants *Rotuli* qui lui étaient adressés des diocèses, et c'est là une source précieuse et presque inépuisable de documents pour notre histoire.

La papauté se préoccupait bien plus des Facultés de Droit que de celles de Médecine ou même des Arts, à raison de la nature de l'enseignement juridique, qui intéressait non moins le spirituel que le temporel, dans les questions d'administration ou de morale.

Or, il ne faut pas s'étonner de cette ingérence incessante des papes dans ces questions d'éducation et d'instruction publique, pendant des siècles et surtout à cette époque. On sait bien que depuis longtemps l'Église seule avait eu les forces nécessaires pour nous aider à sortir de la barbarie des mœurs féodales. On lui en laissa longtemps la direction qui décrut peu à peu, par le fait du pouvoir royal et des mœurs.

Au premier réveil de la pensée humaine et de l'ordre politique dans le monde civilisé, c'est par l'action universelle, incessante, de la papauté, des évêques, du clergé régulier et séculier dans les villes et dans les campagnes, des chapelains dans les châteaux féodaux, que surgirent toutes

4

les nouvelles manifestations de l'art, de la science et des
lettres.

Les cathédrales merveilleuses révélèrent les élans de
l'âme vers l'idéal chrétien ; les grandes abbayes et les monastères nous transmirent, par le travail accompli silencieusement dans les cloîtres artistiques et pieux, les traditions et
les chefs-d'œuvre de l'antiquité grecque et romaine. C'est de
là que nous vinrent surtout nos professeurs de Droit canon.

Jusqu'alors les fiers barons bardés de fer n'avaient guère
connu d'autre autorité que celle de la croix qu'ils avaient
mise sur leur poitrine ; ils n'avaient accepté, dans leurs ma-
noirs fortifiés, d'autre morale et d'autre parole que celle de
l'Evangile.

Ils ne tardèrent pas à envoyer à nos Facultés de Droit
leurs fils, à côté de ceux de la bourgeoisie qui grandissait
autour d'eux dans les villes. Le clergé les y conviait. Ils
sentaient eux-mêmes la nécessité de s'assurer une part de
cette influence des esprits supérieurs, qui commençait à
s'affirmer dans les cours des souverains et dans les Parlements du royaume.

C'est un fait constaté à Toulouse, dans le personnel des
étudiants, dès cette époque ; et nous n'aurons pas de peine à
le prouver, par des noms illustres.

Ne résulte-t-il pas jusqu'à l'évidence de ces divers et bril-
lants succès, et de leur date, que l'enseignement du Droit et
son organisation au *Studium* commencèrent au début de
l'Université et prirent immédiatement leur essor vers l'apogée de la Renaissance.

V.

LES LÉGISTES DU MIDI, LES PAPES ET LES ROIS DE FRANCE
A LA FIN DU TREIZIÈME SIÈCLE.

Les juristes, très imbus de l'esprit de leur enseignement
quotidien, ne se trouvaient que très logiques en voulant

attribuer aux rois seuls l'autorité sur le territoire français. Leur Droit était celui de l'Empire, celui de Justinien : *quod Principi placuit*. Ils avaient traduit : *Si veut le Roi, si veut la loi*, et les rois disaient dans leurs actes officiels, quoique ce ne fût pas toujours vrai : *Tel est notre bon plaisir*.

Même sans parti pris d'hostilité religieuse, ils étaient portés à discuter les ingérences quelconques d'autrui, surtout celle des Papes, comme plus grave, dans le gouvernement de la nation.

Les papes l'avaient bien compris et les événements donnèrent raison à leur défiance, déjà ancienne.

On se plaignait des légistes à la Cour de Rome, avant la fin du treizième siècle.

M. Bardoux a écrit[1] : « La doctrine des premiers légistes se concentrait sur trois points : l'affranchissement de l'individu, l'égalité dans la famille, la libération progressive de la terre. » C'était le progrès sous trois formes des plus enviables. Mais tout n'était pas dans ces trois mots.

M. Hanotaux les a jugés avec moins de discrétion : « A la fois hommes de science et hommes de pratique, nous dit-il, ils empruntèrent au Droit romain le type de hiérarchie et de discipline qui avait produit dans la famille la puissance paternelle ; dans la Société, le despotisme impérial. Venus du Midi, élèves des Universités italiennes, ils gagnèrent le Nord par des étapes successives qui sont : Montpellier, Toulouse, Poitiers et Bourges. Ils apprirent aux Feudistes fran_ çais les doctrines méridionales[2]. »

Roger Bacon était autrement sévère, en se plaçant à un point de vue spécial. Il avait séjourné à Paris ; il adressait au Pape, à la fin du treizième siècle, une véritable dénonciation contre les légistes : « Non solum destruunt studium « sapientie, sed omnia regna perversi juriste... per fraudes

---

1. *Les légistes, leur influence dans la Société française*, Paris, 1877, p. 21.

2. *Tableau de la France*, etc., p. 200.

« et dolos sic occupaverunt prelatos et principes et fere om-
« nia munera et beneficia accipiunt. »

Il faut le reconnaître, avant la fin de ce même siècle les légistes de Toulouse avaient pris, à l'égard de la Cour de Rome,
une attitude de résistance qui expliquerait sinon les injures,
du moins l'animosité dont témoigne le mot de Bacon. Tel
avait été l'un des premiers effets des concessions libérales.

Les démêlés violents auxquels sont attachés les noms de
Philippe le Bel et de Boniface VIII avaient éclaté à peine à
un demi-siècle de distance de la fondation de l'Université de
Toulouse, et cette Université s'était ouvertement déclarée
pour le Roi.

Ce sont évidemment les légistes, c'est-à-dire les *legum
doctores*, les romanistes, qui décidèrent le mouvement
d'ensemble, car c'est contre eux qu'ont été dirigées, dès cette
époque, toutes les plaintes et les objurgations souvent répé-
tées, sur le ton que nous venons de faire connaître. Les
théologiens et les canonistes, les *decretorum doctores* de
l'Ecole firent très souvent un appoint pour la majorité, ce
qui n'a rien d'étonnant, puisque une partie du clergé français
s'était rapprochée du Roi.

Nous avons déjà signalé les noms de Belleperche et des
Nogaret.

Les bulles lancées de Rome à cette époque sont devenues
célèbres dans l'histoire; telles sont notamment les bulles
Clericis laicos de 1296 et *Ausculta fili* de 1300, etc.

Ce serait sortir de notre sujet que de pénétrer sur le terrain de ces luttes politiques ou financières entre le Pape et le
Roi. Nous ne voulons signaler qu'en deux mots, et plus
loin, le rôle de notre Faculté tel qu'il était.

On peut redire que les papes et les rois avaient rivalisé,
jusque-là, en générosité au profit de l'Université toulousaine.

Mais les questions de juridiction et autres privilèges concernant l'Université ne présentant rien de spécial à la Faculté
de Droit, nous passerons. Nous verrons dans la suite, à titre
d'incidents, les conflits et les scènes violentes auxquels

donnaient lieu ces questions de juridiction restées longtemps discutées et confuses.

Nous ne donnerons que quelques exemples, nécessaires pour expliquer la conduite de ceux dont nous traçons l'histoire[1].

La bulle confirmative de 1233 avait accordé aux maîtres et écoliers les mêmes privilèges qu'à ceux de l'Université de Paris.

En cette même année, Grégoire IX défendait d'exporter en temps de disette les vivres de Toulouse, afin d'assurer l'existence des membres de l'Université.

En 1245, Innocent IV écrit une lettre aux comte, consuls et peuple de Toulouse, pour les remercier de leur bienveillance envers l'Université.

Les papes favorisent la fondation des collèges pour les étudiants pauvres et ils en fondent eux-mêmes.

En 1296, ils avaient rendu plus de vingt bulles pour assurer aux maîtres et élèves de Toulouse les plus grandes faveurs spirituelles et temporelles.

Philippe le Bel, qui n'était rien moins que désintéressé, voulut entrer, à son tour, dans la même voie, mais par des procédés différents.

En 1292, il écrit pour empêcher que les capitouls emprisonnent, appliquent la torture et jettent de nuit dans la Garonne les clercs justiciables de l'évêque de Toulouse[2].

En même temps, il écrit au sénéchal pour lui défendre d'empêcher l'évêque de punir les clercs prévenus de crime, même lorsqu'ils auraient quitté leurs habits.

En 1303, il va plus directement au but : il donne des lettres de créance à deux envoyés auprès des religieux et

---

1. Voir la série de ces actes dans le volume des Statuts et Privilèges, *loc. cit.*, et à la table, pp. 809 et suiv. C'est une source très abondante de détails dans lesquels nous ne pourrions entrer, même par une simple nomenclature, sans altérer le caractère de notre travail actuel.

2. Nous avons déjà signalé ce texte lugubre, en nous plaçant à un autre point de vue.

officiers du diocèse, pour leur expliquer sa querelle avec Boniface VIII et la raison de la réunion d'un prochain concile général.

L'Université se sentit si bien visée dans cet appel, qu'elle s'empressa de répondre par une adhésion formelle. Elle considéra le Roi comme défenseur de la foi : *Domino rege tan-quam fidei pugile et fidei defensore... appellationi et pro-vocationi D. regis adheremus.*

Ce fut l'Université tout entière qui consentit à cette déclaration, accompagnée d'adjurations les plus solennellement religieuses.

Il n'en est pas moins intéressant de constater ici que l'Université de Paris, d'où les légistes étaient absents, resta fidèle au Pape, alors que celle de Toulouse, où leur enseignement était prépondérant, au moins par ses succès, se rattachait au pouvoir royal. N'était-ce pas la réalisation, à Toulouse, des périls que la bulle d'Honorius III avait voulu conjurer à Paris?

VI.

ORGANISATION EN FORME OFFICIELLE DE L'UNIVERSITÉ ET DES FACULTÉS. — STATUTS ET RÈGLEMENTS ANCIENS.

Les Universités du Moyen-Age constituaient des corps dont les membres étaient reliés par des engagements réciproques et solennellement affirmés par des serments qu'on renouvelait à toute occasion, soit entre les maîtres soit entre les élèves, quelquefois pour ces derniers, à partir de l'âge de dix ans, avec les grammairiens.

De nombreux traits de ressemblance existèrent dans leur organisation, et dans leurs effets comme influence sociale.

Celle de Toulouse eut sa physionomie particulière à certains égards; elle exerça une influence certaine sur l'organisation de celles de Cahors, d'Orléans, de Poitiers et de Bordeaux, et sur les castes élevées de tout le Midi de la France,

Quant aux Facultés, elles étaient des groupes naturelle-
ments constitués par l'objet des travaux de leurs maitres
respectifs et de leurs élèves. Elles ne participaient pas à
l'administration de l'Université, mais elles avaient leurs
règlements spéciaux pour les cours et les examens sous la
direction du Doyen.

Quoique le mot de Faculté se trouve dans des documents
anciens, rien ne prouve que le groupement officiel et administratif se soit fait à Toulouse dès le début.

La Faculté de Droit existait assurément en corps, avant
1314, mais c'est à cette époque seulement que l'on voit appa-
raitre ses premiers statuts. Il en fut à peu près de même de
la Faculté des Arts. La Faculté de Médecine ne fut séparée
de la Faculté des arts que dans la première moitié du quinzième siècle. Quant à la Faculté de Théologie, elle n'exista
pas réellement avant 1360. Nous avons eu occasion d'argu-
menter de ce fait pour caractériser l'institution et la marche
de notre *Studium*.

« Au Moyen-âge, dit M. Molinier[1], deux Universités ser-
virent de type à toutes les autres; cette remarque très juste
est de Savigny. Celles du Nord de l'Europe furent organisées à l'imitation de celle de Paris; celles du Midi prirent
pour modèle l'Université de Bologne. A Paris, les maitres
possédaient tout le pouvoir administratif; à Bologne, au contraire, c'était l'assemblée générale des écoliers... » Mais les
élèves ne prirent pas chez nous une prépondérance aussi
absolue, et M. Molinier résume très exactement la situation
en quelques lignes : « Dans la bulle d'Innocent IV de 1245,
paraissent déjà les trois pouvoirs qui se disputeront la
direction des études : le Chancelier de l'Eglise de Toulouse,
qui, directeur des études dans le diocèse tout entier, a la
haute main sur la nouvelle Université, l'Evèque et la nouvelle *Universitas*, c'est-à-dire l'ensemble des écoliers et des
maitres. »

1. *Histoire de Languedoc*, loc. cit., p. 575.

Puis, les écoliers figurent de moins en moins dans les actes d'administration ; ils n'y sont représentés que par des délégués peu nombreux spécialement élus par chaque Faculté.

Le Recteur, représentant direct de l'Université, désigné par des élections trimestrielles, n'a que des pouvoirs restreints. Deux fois sur quatre le Recteur dut être pris à la Faculté de Droit. Bientôt ce sera exclusivement à notre Faculté.

Il n'y eut de locaux spéciaux à l'Université qu'assez tard, comme nous le verrons. On se réunissait au cloître des Cordeliers et chez les Dominicains de la Daurade, sans se confondre avec ceux qui prêtaient ainsi leurs locaux pour les grandes assemblées seulement. Les examens se faisaient dans les églises du Taur et de Saint-Jacques.

Chaque maître louait le local affecté à son cours et il était payé directement par les écoliers qui choisissaient son enseignement.

Dès le début, apparaissent les grades de bachelier, licencié et docteur ou maître.

De bonne heure, on voit les papes intervenir par leurs bulles pour régler les frais de logement des étudiants pauvres et prendre des mesures de protection que les rois règlent aussi de leur côté, avec des tendances très différentes.

Ce fut l'origine des Collèges qui vont se multiplier dès le quatorzième siècle en nombre considérable. Nous conservons encore les restes très solides de plusieurs de ces gros monuments très anciennement édifiés à ce titre.

On peut voir, par ces créations, que les papes ne se bornèrent pas à autoriser l'enseignement du Droit romain à Toulouse, ils le favorisèrent ouvertement, en fondant ou en autorisant la fondation des Collèges où de nombreuses places étaient réservées par [eux, spécialement aux étudiants civilistes pauvres.

En 1305, les papes fixèrent, comme on sait, leur séjour à Avignon ; ils se rapprochaient, par le fait, d'un foyer de ré-

sistance sur lequel ils devaient plus facilement avoir les
yeux. C'est, en effet, ce qui se fit sentir dans la composition
du personnel de la Faculté de Droit, et par suite dans ses
tendances.

Le revirement fut prompt et complet, mais il ne devait pas
durer plus que le séjour des papes auprès de nous. Le Parlement et le Roi ne tardèrent pas à reprendre une autorité
prédominante et, cette fois, définitive.

Entre temps s'était produit un événement qui doit nous
arrêter. La Faculté de Droit, vers le commencement du quatorzième siècle, avait sans doute rédigé des statuts; elles
devait les renouveler avec les grands statuts de l'Université,
en 1314 (15-23 juillet)[1], et les compléter par des réformes
partielles et de nouveaux statuts successivement établis,
dont nous nous bornons à donner ici, jusqu'à la fin du
Moyen-âge, les grandes lignes.

On sent à Toulouse, comme dans les autres *studia*[2], un
mouvement vers l'indépendance. C'est, dit M. Fournier,
« l'effort tenté par l'Université pour s'organiser et s'adminis-
trer elle-même. »

Mais chacune de ces retouches successives porte la trace
d'une lutte entre le Recteur et le Chancelier, c'est-à-dire entre
le pouvoir du clergé et celui de l'Université[3]. En réalité,
c'est le clergé qui devait l'emporter d'abord. Le séjour des
papes à Avignon devait favoriser ce résultat, jusqu'au moment ou, avant même la Renaissance, il commence à perdre
définitivement le terrain conquis depuis des siècle .

Nous examinerons cette marche des événements, après

1. Ces documents sont rapportés aux statuts et privilèges, c. cit.,
pp. 458 et 480.
A la page 457, M. Fournier donne, dans une note, des détails sur la
publication faite par notre savant archiviste, M. Baudouin.
2. *Histoire de la science du Droit*. loc. cit., p. 236.
3. Nous renvoyons aux mêmes ouvrages et statuts et privilèges, pour
les détails de ces luttes et de ces alternatives des succès en sens div .
Voir aussi la note de M. Molinier, *Histoire de Languedoc*, t. VI,
p. 570.

avoir indiqué le régime qui résultait, pour la Faculté de Droit, de ces divers règlements.

Au point de vue du fond des matières à traiter, les professeurs étaient soumis à des dispositions très précises. Leur programme était sévèrement tracé dans les *Puncta taxata*. On leur fixait les textes à étudier au Digeste, au Code et le temps à y consacrer. Nous avons les détails les plus certains à cet égard, soit pour le Droit romain, soit pour le Droit canon. Les professeurs, docteurs, licenciés et bacheliers devaient prêter serment de rester fidèles à leur programme et à l'esprit du *Studium*.

L'Université surveillait avec le même soin l'organisation des cours, leur durée et le fonctionnement de chaque Faculté.

Nous rappelons qu'à la tête de l'Université était le Recteur, renouvelé chaque trois mois, il était assisté d'un conseil où les étudiants furent toujours représentés.

Dans les premiers temps, les professeurs étaient nommés par les papes ou par les chanceliers, sauf à la Faculté de Théologie, où ils se recrutaient par cooptation[1]. Ce n'est qu'en 1470 que, par arrêt du Parlement, il fut décidé que les professeurs seraient nommés par le conseil. Ce fut peut-être déjà par une sorte de concours.

On distinguait les cours en cours ordinaires et en cours extraordinaires.

Les cours ordinaires, faits par les *doctores regentes*, étaient divisés en *puncta taxata*, dont nous avons parlé, et soumis par là à la direction des autorités du *studium*. Les docteurs payaient 10 sous tournois pour lire *extraordinarie*, 100 sous tournois pour lire *ordinarie*.

Les bacheliers étaient aussi chargés de faire des cours; ils le devaient pendant un certain temps pour devenir licenciés ou docteurs. Leurs cours étaient réglementés avec soin et surveillés par un docteur. Les paragraphes 21 et 22 des

---

1. *Hist. de la science du Droit*, loc. cit., [p. 207. *Contra* Molinier, *Hist. de Languedoc*, loc. cit.

statuts de 1314, spéciaux au Droit, réglaient les sujets de
Droit civil qu'ils devaient traiter.

Il y avait aussi dans les statuts des règles sur les procédés de
l'enseignement dans les collèges, mais cela sort de notre sujet.

On procédait régulièrement, à la Faculté de Droit, à des
ispulationes, c'est-à-dire à des argumentations publiques;
il en est question dans la *taxatio punctorum* de 1400-1420.
Très en faveur d'abord et même imposées deux fois par
an aux docteurs, ces exercices tombèrent en désuétude au
quinzième siècle.

Les statuts exigeaient l'emploi du latin, donnaient des
détails sur l'ordre des matières, et, paraît-il, recomman-
daient aux étudiants de ne pas prendre des notes : *ne de
scriptura hujusmodi confidentes hebetent proprium intel-
lectum.* On n'a plus aujourd'hui des craintes de ce genre.

Les grades et les diplômes étaient décernés par le chancelier de l'Université, qui était en même temps le chancelier
de l'Eglise de Toulouse. C'est par ce fonctionnaire que la
papauté d'abord, puis l'archevêque et le clergé conservaient
leur influence.

Pour les grades, chaque Faculté avait ses règles spéciales, souvent retouchées d'ailleurs, pendant tout le cours
du Moyen-âge.

Ce qui était commun à toutes, c'était le serment de fidélité
à l'Université que devaient prêter les candidats aussi bien
que les élèves, à leur entrée dans l'Université.

L'usage des fêtes pour les réceptions y était aussi en grand
honneur. Les dispositions réglementaires, souvent renou-
velées pour en fixer les détails, indiquent les excès de tous
genres auxquels ces fêtes donnaient lieu.

Clément V, notamment, défendit de dépasser, pour les
fêtes de réception au doctorat, plus de 3,000 écus tournois.

Pour être bachelier, il fallait avoir étudié pendant cinq
ans en Droit canon et pendant sept ans en Droit civil[1],

1. M. Fournier, *Hist.* etc., p. 318.

acquitter certains droits, et, comme dans toutes les circonstances, prêter serment de fidélité à l'Université.

La collation du grade se faisait simplement par la présentation faite par le docteur surveillant de l'étudiant au chancelier, en déclarant que l'étudiant était capable de *lire*. Le
chancelier n'avait aucun contrôle à exercer sur ce dernier
point.

La licence terminait les études et constituait le grade le
plus recherché en fait. Le candidat devait avoir lu pendant
cinq ans en Droit canon et sept ans en Droit civil. Il subissait
un *examen privatum* devant les docteurs. Le chancelier, s'il
y avait lieu, le déclarait admissible à l'examen solennel. On
ne connaît pas les conditions de cet examen avant lequel le
chancelier avait dû faire une enquête sur la vie et la conduite du postulant. Cet examen avait probablement disparu
lors de la réforme apostolique de 1394, qui avait sûrement
diminué les difficultés de la réception.

Le doctorat n'était accordé sans doute qu'après que les
licenciés avaient lu, c'est-à-dire enseigné les textes les plus
importants. Mais les documents anciens ne nous donnent de
détails que sur les fêtes, festins, cadeaux et serments à prêter
à l'occasion de la collation de ce grade.

L'enseignement était donné encore, au quatorzième siècle,
par chaque professeur, dans des auditoires qu'ils louaient
ad hoc, et dont les frais étaient faits toujours au moyen
des collectes par lesquelles les étudiants rémunéraient leurs
maîtres.

VII.

ACTION DES PAPES D'AVIGNON SUR LES UNIVERSITÉS MÉRIDIO-NALES DE FRANCE AU QUATORZIÈME SIÈCLE, ET SPÉCIALEMENT SUR LA FACULTÉ DE DROIT DE TOULOUSE.

Nous avons dit que le séjour des papes à Avignon avait
dû amener des modifications dans le personnel et par là

même dans l'esprit de la Faculté ; de la main du Roi, où elle
semblait être passée, l'autorité devait faire un retour vers
celle, jadis toute-puissante, de la papauté.

De 1305 à 1377, à Avignon, les papes se sentirent désormais matériellement et politiquement séparés de Bologne.
C'est là qu'avait été jusqu'alors la pépinière des savants, des
grands dignitaires, des serviteurs d'élite de l'Eglise. Pour y
suppléer, les papes furent portés à s'entourer de centres
nouveaux d'études et de controverse scientifique, comme
d'une armure pour le combat.

Ils ajoutèrent aux Universités anciennes d'autres Universités.

Mais en éparpillant ces forces, ils s'exposèrent à porter
une grave atteinte aux gloires locales du passé.

Clément V avait fondé une Université à Avignon,
Jean XXII une autre à Cahors, sa ville natale. Il y eut
cinq Universités nouvelles en France dans le cours du quatorzième siècle. Il y en eut une même à Orange qui fut peu
suivie. Elle a pourtant duré jusqu'à la Révolution.

A la fin du même siècle, le grand schisme d'Occident vint
aggraver encore cet état de choses. Les papes et les princes
fondèrent à l'envi des Universités qui, en partie, ne furent
pas viables, mais qui pouvaient porter aux autres les plus
redoutables contre-coups.

Au quatorzième et au quinzième siècles, il s'établit un
modus vivendi entre l'Etat et l'Eglise, au point de vue des
sciences juridiques ; les papes étaient eux-mêmes des légistes
qui ne songèrent plus autant à combattre le Droit romain,
en vue de faire triompher la Théologie. Le 18 novembre 1462 on permit aux clercs d'enseigner, à Orléans, le
Droit romain[1].

Notre Faculté de Droit eut moins à se modifier qu'on
n'eût pu le penser. Elle était protégée par ses traditions
remontant au treizième siècle ; sans doute aussi par le pou-

1. Marcel Fournier, *Hist.*, *eod.*, p. 114.

voir royal auquel elle avait donné des gages si éclatants de
son attachement ; cependant elle subit comme d'elle-même la
pente naturelle des choses, si bien que les papes y recrutè-
rent un grand nombre de leurs cardinaux, de leurs légats et
de leurs grands dignitaires, et la Faculté reprit de nouveau
toute son énergie.

Cinq papes étaient sortis de notre école, soit comme élèves,
soit comme professeurs : Clément IV, Jean XXII, Benoît XII,
Innocent VI et Urbain V.

Etienne Aubert ou Alberti, docteur en Droit civil, *legum
professor*, devenu pape en 1352, sous le nom d'*Innocent VI*,
avait professé à Toulouse en 1335. Il fut le fondateur, en
1359, du collège de Saint-Martial pour vingt étudiants en
droit canonique et civil : dix en Droit canonique et dix en
Droit civil; n'est-ce pas la réconciliation complète avec les
légistes ?

Guillaume Grimoard, docteur en Droit canon et en Théologie, devenu pape sous le nom d'*Urbain V*, avait étudié et
enseigné le Droit canon à Toulouse d'abord, puis à Montpellier, à Paris et à Avignon.

Nous signalerons dans le même sens, comme profes-
sant officiellement, en 1290, Novelli Arnaldus, *doctor
legum*, légat du pape en Angleterre en 1312 et cardinal en
1320.

De 1311 à 1314, Pierre de Mortemart, *legum doctor*, cardinal en 1327.

En 1311, Petrus Textoris, *decretorum doctor*, cardinal en
1320.

De 1311 à 1314, Pierre des Prés, *doctor legum*, cardinal
en 1320.

De 1311 à 1329, Bernard de Saint-Geniès, *decretorum
doctor*, patriarche d'Aquilée.

En 1340, Guillaume de Bragose, *decretorum doctor*, cardinal en 1361.

En 1350, Jean de Cardaillac, *legum doctor*, archevêque de
Toulouse en 1376.

De 1350 à 1368, Bernard du Bosquet, *legum doctor*, cardinal en 1368.

En 1366, Amelin de Lautrec, *decretorum professor*, cardinal en 1385.

En 1395, Vital de Castelmoron, *decretorum doctor*, archevêque de Toulouse en 1402.

En 1413, Raymond Mérose, *doct. en droit canon*, cardinal en 1426.

De 1424 à 1451, Bernard de Rosergues, *Comes legum*, archevêque de Toulouse en 1451.

Un grand nombre d'autres évêques ou archevêques, des grands fonctionnaires et des diplomates communiquèrent en quelque sorte, à notre école de cette époque, l'éclat de leurs dignités.

Nous ferons remarquer, non sans intérêt, que sur le nombre de cardinaux, archevêques ou patriarches que nous venons de signaler, les professeurs de Droit romain, les légistes proprement dits, égalent en nombre les canonistes et que l'un des papes sus-indiqués, Innocent VI, était romaniste.

Jean XXII, élève de la Faculté de Droit, avait doté Cahors, sa ville natale, d'une Université, mais il avait comblé celle de Toulouse de ses bienfaits.

Ce retour de la prédominance des papes et du clergé se manifesta aussi dans la teneur et les formules mêmes de leurs actes.

C'est l'époque de ce que l'on a appelé les réformations apostoliques, c'est-à-dire de règlements compliqués et nombreux préparés par des commissions spéciales que les papes déléguaient et sur le rapport desquelles ils statuaient dans le sens que nous ne pouvons indiquer ici qu'à grands traits[1].

M. Fournier fait remarquer que dans la réforme du *studium*, en 1314, ce n'est plus l'Université que les statuts

---

1. Voir *Histoire de Languedoc*, t. VII, pp. 606 et suiv.

désignent en tête de leurs dispositions, c'est l'archevêque qui prononce, tandis qu'en 1324, c'est Philippe le Bel qui délivre des lettres de sauvegarde au *Studium*.

Dès cette époque, le titre de *Comes legum*, Comte ès lois, que prenait Bernard de Rosergues, paraît, d'après Bartole, appartenir à ceux qui ont professé le Droit pendant vingt ans. C'est une coutume sanctionnée par les rois. François Ier accentuera même ces faveurs nobiliaires.

En 1328, la Faculté de Droit se composait de douze professeurs, six en Droit canon et six en Droit civil. L'enseignement, confié aux licenciés et aux bacheliers, explique que le nombre des professeurs en titre ne soit pas plus considérable. Leurs noms figurent au bas d'une supplique signée aussi par un certain nombre d'étudiants.

Or, on peut remarquer parmi ces derniers des noms appartenant à la plus haute noblesse de nos provinces méridionales : Robert de Foix, Raymond d'Astarac, Amelius de Penne, Bertrand du Puy. C'est le moment dont nous avons parlé, où les grands seigneurs de nos pays commencent à ne plus dédaigner le travail des hautes études et consentent à mêler leurs fils à ceux de la bourgeoisie, toujours croissante en force et en nombre.

A la fin du quatorzième siècle, les papes, rentrés dans Rome, semblent avoir voulu faire un dernier effort pour s'assurer la direction de l'Université par l'intermédiaire des chanceliers. Les grandes réformes de 1394-1425 furent toutes dans ce sens. Mais ils ne devaient guère plus avoir bientôt que l'autorité morale qui se rattachait à leur influence persistant, malgré tout, dans la chrétienté, c'est-à-dire dans le monde civilisé. Et cependant, les chanceliers continuèrent à être pris dans le haut clergé local jusqu'à la Révolution.

VIII.

LES CAPITOULS ET LES ESCHOLIERS. — LE PARLEMENT.

Mais par ces temps où le pouvoir est disputé partout encore, deux puissances nouvelles apparaissent dans la lutte, pour tenter de soumettre l'Université. Ce sont les capitouls représentant la bourgeoisie, d'une part, et, d'autre part, les Parlements, organes du pouvoir royal.

En même temps, le nombre des étudiants devait être considérable, malgré les chiffres de certains *Rotuli* qui paraissent incomplets; surtout, si on en croit les détails d'une terrible affaire qui commença, depuis les Pâques de 1331 ou 1332, par une sentence capitulaire, et se continua par trente-six brefs, cinq bulles de Jean XXII et deux bulles de Benoît XII, sans compter les arrêts des Parlements.

Les documents officiels deviennent si nombreux qu'il est impossible d'en donner une analyse ou même une énumération complète; et alors même que nous le pourrions, ce serait insuffisant et obscur.

Dans un travail comme celui-ci surtout, c'est la vie de l'Université qu'il faut montrer en elle-même dans sa réalité, et le rôle que chacun y jouait; la scène doit se compléter par le récit des événements.

On nous permettra donc de rapporter quelques fragments pittoresques des récits du temps; on y verra la physionomie exacte de cette période agitée de notre vie universitaire et municipale.

Il s'agit, par exemple, au dire de Lafaille, d'un étudiant de la Faculté de Droit[1] qui se nommait Aymery Béranger.

« Le soir de Pâques, dit un témoin, lui et ses compagnons

---

1. Molinier dit que ce n'était qu'un serviteur noble des deux frères de Penne, étudiants en droit. *Hist. de Lang.*, IX, p. 482.

dansaient, avec quelques femmes, dans la rue, devant l'hôtel de Masquet; Messires Bernard Ratier et Olivier de Penne les regardaient du seuil de la porte, Bernard de Gaure est passé, venant des Lices, la rue droite; deux écuyers l'ont suivi. » Alors, rapporte l'acte d'accusation, les jeunes gens porteurs d'armes prohibées se sont rués sur de Gaure et sa suite; celui-ci leur dit : « Je suis capitoul de Toulouse et de par le Roi je vous arrête ». Amaury, feignant alors de l'embrasser, lui a passé le bras autour du cou pour entraver ses mouvements et a crié : « Ambor, ambor, firetz, firetz, qu'ils meurent », puis a dégainé, ainsi que ses complices; Aymery Béranger a frappé le capitoul à la face, lui faisant une grave blessure du front au menton... Les assassins ont également frappé et laissé pour mort Arnault de l'Eglise dit Marquet, dépouillé, et mis en fuite ses compagnons; ces attentats tombent sous le coup de la loi *Cornelia de sicariis* et constituent le crime de *lèse-majesté*. » La majesté de M. le Capitoul sans doute.

Aymery et quelques-uns de ses compagnons furent saisis le soir même par les capitouls suivis de deux cents hommes, et, nonobstant les protestations de l'official, on rasa la chevelure d'Aymery afin qu'il ne parût aucune marque de sa cléricature; ils furent soumis à la question la plus rude et on prononça leur sentence.

Aymery fut condamné à être traîné par la ville à la queue d'un cheval, à avoir le poing coupé devant la maison de François de Gaure, à être traîné ensuite sur une claie aux fourches patibulaires du Château Narbonnais et à y avoir la tête tranchée, le mercredi d'après Pâques. Ce qui fut fait, malgré l'appel qu'il interjeta successivement au viguier de Toulouse, au sénéchal de cette ville et au Parlement. Après l'exécution, la tête et le corps de Béranger furent exposés aux fourches patibulaires.

Cette condamnation était d'autant plus atroce, que ni le capitoul, ni son ami n'avaient reçu de blessures mortelles et qu'ils avaient survécu tous les deux. — Double appel au

Pape par l'Université, et au Parlement de Paris par les parents d'Aymery Béranger.

Jean XXII s'empressa de rendre plusieurs bulles contre cette sentence et le Parlement commença des poursuites contre les capitouls pour abus de pouvoirs.

En 1334, douze capitouls ou notables étaient retenus en prison à Paris et leurs biens confisqués pour répondre des frais du procès. Le Parlement était, lui aussi, terrible à son tour.

La ville, par édit royal, devait perdre toutes ses libertés, cesser de former une communauté; la caisse commune fut immédiatement mise sous la main du Roi par les commissaires de Philippe VI. Cette cérémonie eut lieu le 27 octobre 1335.

Mais les choses n'étaient pas encore prêtes pour un écrasement de cette importance.

La ville recouvra toutes ses libertés moyennant le paiement de cinquante mille livres tournois. Seulement, les commissaires royaux réglèrent à nouveau les élections capitulaires.

A la suite, les capitouls allèrent faire satisfaction, aux professeurs de l'Université, de l'infraction de ses privilèges, en présence de trois mille écoliers appartenant évidemment en grande majorité à la Faculté de Droit. Le chroniqueur toulousain, Simon Bardin, rapporte qu'il a trouvé ce chiffre inscrit au greffe du Parlement de Paris.

Cependant, les papes continuaient à intervenir pour réformer les statuts ou accorder des faveurs. Mais c'est surtout de la Faculté de Théologie, de l'ensemble de l'Université ou de l'organisation des collèges qu'ils s'occupent, sans qu'il y ait rien de marquant pour la Faculté de Droit.

En 1378, la Théologie semblait, en effet, avoir repris le premier rang; on comptait cinq professeurs de Théologie, sept de Droit canon et trois seulement de Droit civil.

Savigny signale comme ayant eu, vers le milieu du siècle, une grande renommée dans la science du Droit civil, Guil-

haume de Cunho, et vers la fin du même siècle, Jean Cor-
serius, l'auteur des premiers recueils d'arrêts : *Decisiones
capellæ Tolosanæ*.

Mais le Parlement du Languedoc s'était constitué. Il allait
prendre, en se fixant à Toulouse, en 1443, définitivement le
dessus autour de lui.

Nous le voyons, en 1470, réglant par un arrêt « le différend entre les docteurs régents de l'Université appelans du
sénéchal de Tholouse ou de son lieutenant, d'une part, et le
syndic des étudiants en la dite Université appelé d'autre
part ».

C'est un véritable règlement de discipline et un arrêt de
règlement que le Parlement édicte. A ce titre, nous devons en
indiquer les principales dispositions :

« La court met l'appellation à néant... en tant que touche
le sallaire demandé par les dits docteurs aux dits escolliers
et le droit des banquiers.

« Dit la court que chacun escollier ou étudiant payera à
son docteur régent soubs lequel il orra ses leçons ordinaires
18 sous tournois.

« Au trésorier p^r l'Université, usages communs, 20 deniers
tournois.

« Au seigneur du sol de l'ostel, maison ou escole où il orra
les dites leçons 2 sous 6 deniers tournois.

« En tant que touche les droits demandés par les dits docteurs régents et Université et aussi par les bedels d'icelle aux
escolliers qu'on fait bacheliers en icelle *en droit civil ou
canon* : sera dict que chacun escollier quon fera bachelier
en la dicte Université en l'un ou l'autre des dicts droits,
payera tant seulement au trésorier de la dicte Université,
pour et au nom d'icelle, un escu valent 27 sols 6 deniers
tournois..... sans en faire distribution au prouffilet des
dicts docteurs régents... à chacun des deux bedels 5 sous
tournois;

« Et défend la court aux chanceliers, recteur et docteurs
régents... sur peine d'amende arbitraire, que dorénavant ils

ne preignent ne exigent de ceux quon fera bacheliers *ès dits droicts* de aucun serment de non prendre ne recevoir le degré de licencié en autre université ;

« Et au regard des droits demandés par les dits chanceliers et docteurs régents aux bacheliers voulans et requérant être reçus au degré de licencié *ès dits droits civil et canon...* sera tenu de payer au docteur qui le présentera, s'il est seul, trois écus ;

« Et pour ce que en Droit canon y a communément deux docteurs présentants sera tenu de donner à chacun trois écus d'or ;

« Et à chacun des docteurs régents qui l'examinera en sa famille, deux écus ;

« A chacun des deux bedels, deux écus ;

« Au chancelier, quatre écus ;

« Au trésorier, trois écus qui seront mis en l'arche commune ;

« Et affin que les autres docteurs qui ne sont ny régents et résident en la cité assistent plus volontiers à l'examen ou examens des bacheliers qu'on fera ès dites facultés, sera tenu le bachelier qui voudra être licencié bailler à chacun des dits docteurs non régents qui auront été présents à son examen deux livres d'espices ou de confiments et icelles envoler à leur maison. Et en oultre sera tenu le dit bachelier licentiande durant son examen pourvoir aux docteurs présents de dragées, confiments, espices et vins nécessaires sans aucune autre superfluité de cire, torches, dixmes, ne autres dépenses, etc. ;

« Et ordonne la court que la chappe d'icelui qui aura été examiné... sera et demeurera au docteur ou docteurs qui l'aura ou l'auront présenté... pourra la racheter en baillant un escu d'or seulement. »

Si les bienséances le permettaient, la gravité de l'examen devait être singulièrement compromise par l'absorption de ces dragées et confitures dont le docteur devait être pourvu, *durant son examen.*

Pour les docteurs, les droits et obligations s'accroissent naturellement :

« Cellui qui voudra et requerra estre doctoré, sera tenu de paier au trésorier la somme de trente escus d'or desquels il en sera mis trois en la dite arche commune. — Et les vingt-sept autres seront départis... entre les dits chancelier, régents et bedels, ainsi qu'au temps passé... Et en ce la court n'entend comprendre les droiz que le docteur ou les docteurs présentans le licentiande prennent et lièvent du présenté a cause et pour raison des robe, mantel et chapperon qui pour ce ont accoustumé d'être levés, ains en appointeront et accorderont ensemble comme bon leur semblera. »

Le recrutement des professeurs avait été l'occasion de toute espèce d'abus. L'arrêt de 1470 y pourvoit, et c'est là un des points que nous avons le plus d'intérêt à signaler, parce que c'est l'origine des recrutements par le concours :

« La court voulant pourvoir à ce, a ordonné et ordonne que doresenavant ne seront vendues les dictes chaires et régences, et que icelles vaccans par mort naturelle ou civille, en quelque manière que ce soit, les recteur et docteurs régens et les quatre conseillers et escolliers de la dite Université, assemblez ensemble au lieu où l'on a accoustumé faire telles congrégations et assemblées, esliront et nommeront au lieu ou lieux vaccans aucun ou aucuns les plus ydoines et soufflzans qu'ilz sçauront ou cognoestront, selon Dieu et leurs consciences, toute faveur, amour, haine et charnalité cessans; et seront les dictes chaires et régences, ou chayre et régence, ainsi vaccans, libéralement et sans aucun exaction, conférées et données à celuy ou ceulx qui, par les dessus dicts ou la plus grant partie d'iceulx auroient esté esleux et nommez. Et n'entend par ce la court prohiber ne défendre que aucun docteur régent ès dictes facultez vouloit céder et renoncer à sa chaire et régence, en faveur d'un sien frère, nepveu, parent ou amy qui fut habille, ydoine et soufflsant régir, gouverner et exercer la dicte chaire et régence, que faire ne le puisse, pourveu toutesvoyes que celui en faveur duquel auront esté ou sera faicte la dicte cession ou renonciation soit trouvé et approuvé tel par les dicts recteur, docteur régens et quatre conseillers ou la greigneur partie d'iceulx; et aussi que le docteur régent renuntiant, le faire purement et libéralement sanz en prendre ne exiger aucune chose. »

La dernière disposition de l'arrêt n'est plus spéciale à la Faculté de Droit, mais elle donne la couleur locale de ces mœurs pittoresques qui terminent le Moyen-âge et vont changer de caractère sous l'influence des idées de la Renaissance italienne et française :

« Et enjoint la court aux escolliers d'icelle Université graduez et autres, présens et à venir, que doresenavant ils voisent en incèdent en robes longues et honnestes, et portent leurs chapperons sans chappeaulx, cornettes, gibbesters, harnois ne autres difformités d'abitz, et qu'ils facent et exhibent au ditz chancelier, recteur et docteurs régents honneur et révérence, et ce sur peine de prison, et d'estre privez des privilèges de la dicte Université et aussi d'amende arbitraire. »

Ces réformes, il faut le dire, furent, elles aussi, l'origine de nombreux abus. On alla pour conférer des grades jusqu'à se dispenser de l'intervention de la Faculté et même du chanceller.

Une bulle de Nicolas V, du 15 mai 1447, donne pouvoir au Cardinal de Foix de créer quatre licenciés en Théologie et en Droit.

Une autre bulle du 4 octobre de la même année donne pouvoir au Cardinal de Foix de créer douze docteurs en droit civil ou canon, qui jouiront des mêmes privilèges que ceux de l'Université. Le titre de bachelier fut même accordé de plein droit à certains fonctionnaires, et notamment aux capitouls qui ne manquaient pas d'en parer leur nom, s'ils n'avaient pas mieux.

IX.

INCIDENTS BRUYANTS A LA FACULTÉ. — LOUIS XI ET L'AUTORITÉ ROYALE.

Les étudiants paraissent, dans ces dernières années du quinzième siècle, avoir préludé aux agitations et aux excès de tous genres que nous leur verrons réitérer dans le siècle suivant.

En 1426, excités par un personnage de mœurs et d'origine équivoques, le prieur de Saint-Cricq, bâtard de la maison de Foix, partisan des Anglais, les Anglais ou leurs partisans, étudiants à la Faculté de Droit, se livrèrent à de bruyantes manifestations. Les capitouls montrèrent la même dureté qu'en 1331, dans l'affaire d'Aymery Béranger. Le résultat fut le même pour la ville, qui, encore cette fois, fut victime des violences inconsidérées de ses représentants.

Les étudiants avaient dû prendre la fuite, poursuivis l'épée dans les reins par les hommes d'armes de la ville. Le chancelier de l'Université se plaignit de ces brutalités inutiles.

On ne se hâtait pas de lui rendre justice; sous son inspiration, le conseil de l'Université, composé de soixante maîtres en théologie et docteurs ès lois, déclara que les cours seraient suspendus pendant cinq mois jusqu'à ce que justice ait été rendue. On porta la cause devant le Parlement.

Les plaignants de l'Université furent représentés par Bernard de Rosergues, alors professeur de Droit canon et civil, plus tard archevêque de Toulouse, et Raymond de Sérène, également docteur-régent. C'est encore la Faculté de Droit qui joue le principal rôle.

« Dans la longue liste de ceux qu'ils accusaient, dit M. Antoine du Bourg [1], figuraient les noms les plus illustres et les

---

1. *Mémoires de l'Académie des Sciences de Toulouse*, 1889, pp. 368 et s.

plus recommandables du Toulousain : des capitouls, des
chevaliers qui s'étaient couverts de gloire dans les guerres
contre les Anglais, des bourgeois dont les richesses et la
considération faisaient l'orgueil de la ville, le capitaine du
guet et une foule de sergents de sa troupe, sous la préven-
tion d'avoir tramé une conspiration et soulevé une émeute
populaire à main armée contre nos étudiants et enfreint les
privilèges de l'Université et la sauvegarde accordée à tous
ses suppots. »

On le voit, par la qualité des personnes, c'étaient les rôles
renversés. Mais tout le monde se mettait cependant, encore
cette fois, contre les capitouls et pour l'Université. On ne
trouvait ni avocats, ni procureurs pour procéder contre elle.
Le procureur du roi, dans l'intérêt de l'Université, conclut à
ce que les prévenus « coupables du crime de lèse-majesté,
soient, en outre, condamnés à l'amputation du poignet ou à
la fustigation à travers les rues de Toulouse, à avoir la tête
tranchée, ou du moins à être exilés pour toujours du royaume
et à la confiscation des biens. Il demanda, de plus, que les
capitouls aient à faire proclamer immédiatement, à son de
trompe, l'invitation aux étudiants de rentrer à Toulouse et
le rétablissement pour eux de la sauvegarde royale. »

Le Roi paraît avoir agi dans le sens d'une transaction. En
définitive, l'année suivante, les capitouls furent condamnés
par le Parlement de Paris pour excès de pouvoir, sur la
plainte des officiers du roi. Cette fois encore tout se termina
par une forte amende à verser par la ville au trésor royal.
C'était en 1427.

Mais on n'en avait pas fini avec les bandes d'étudiants
armés.

Le 14 novembre 1400, le Parlement, devenu maître désormais, rendit un arrêt pour « enjoindre au recteur et aux
professeurs d'empêcher les écoliers de s'assembler en armes,
comme ils le faisaient à l'occasion de Pierre de Rosergue,
neveu de leur ancien professeur (à la Faculté de Droit), Bernard de Rosergue dit du Rosier, à l'archevêché de Tou-

louse ». Cette fois, c'est dans la cathédrale qu'ils étaient allés porter, en armes, leurs turbulentes manifestations.

L'influence directe de l'Eglise continue à s'effacer, pour laisser la place au Parlement, au Roi, et parfois à l'Université elle-même, faisant acte d'indépendance.

Charles VII s'institue le protecteur des collèges et plus encore de l'Université. Il intervient même contre les officiers royaux, pour assurer l'exemption des impôts dont ses membres bénéficiaient depuis longtemps. Il instituait le viguier de Toulouse gardien et conservateur des privilèges de l'Université.

Il disait, dans ses lettres patentes de 1466 : « L'Université de Toulouse a fait toujours l'admiration des nations étrangères, dont les sujets affluent dans son sein. »

Le récit de la visite faite au Roi, à son passage à Toulouse, porte ces mots : *Concessit universitati multa pulchra privilegia et libertates quales nunquam habuerat.*

Dans le même esprit de concentration des pouvoirs qui le caractérise, Louis XI, par lettres patentes du 7 mars 1461, confirma tous les privilèges de l'Université afin de s'en emparer plus sûrement et de la mettre dans ses intérêts.

Pendant les dernières années du quinzième siècle, la Faculté de Droit continua, d'ailleurs, à fournir aux rois des diplomates et des conseillers influents. Il en devait être ainsi longtemps encore.

Denis et Pierre Dumoulin, deux frères, avaient été attachés à la Faculté avant d'être successivement élevés à l'archevêché de Toulouse.

Le premier, Denis Dumoulin, occupa un rôle important dans la diplomatie royale. Charles VII, connaissant sa science et ses talents, l'avait délégué pour négocier le traité d'Arras avec l'Angleterre en 1435; il l'envoya ensuite comme ambassadeur à Genève et en Savoie et obtint pour lui la pourpre romaine.

Pierre, le second frère, après avoir été attaché au chapitre et à la chancellerie de l'Université, fut chargé, avec Jacques

Cœur, d'installer, en 1414, le nouveau Parlement. Il reçut du Roi d'autres missions difficiles. Devenu archevêque de Toulouse, il fit à la cathédrale de Saint-Etienne les embellissements qui portent la marque du quinzième siècle. Il cultivait les arts et les lettres. On l'avait pompeusement appelé *poetarum monarcha.*

LA RENAISSANCE

CUJAS ET SON TEMPS

I.

TRAITS CARACTÉRISTIQUES DE LA FACULTÉ DE DROIT DANS
CETTE PÉRIODE BRILLANTE DE SON HISTOIRE. — ÉVOLUTION
DANS LES OPINIONS, LA DOCTRINE ET LA VIE EXTÉRIEURE
DES MAÎTRES ET DES ÉTUDIANTS.

Pendant son séjour prolongé à Toulouse, avec un entourage princier, François Ier manifesta l'intérêt qu'il portait à
notre Faculté devenue célèbre et aussi à notre ville qui commençait à être riche par son commerce extérieur, ses consuls
et ses capitouls, et belle par ses artistiques monuments pri-
vés, dominés encore par les imposants chefs-d'œuvre du
Moyen-âge. Le Roi, soutenu par ses conseillers, s'appliqua à
consacrer, par des fêtes et par la concession d'extraordinaires faveurs, la mainmise définitive du pouvoir royal sur
l'Université toulousaine.

Philippe le Bel avait eu pour lui les légistes, très influents
dans ses conseils et dévoués à la réalisation de sa politique
dure et avide.

La tradition autoritaire et exclusivement royale allait se
continuer chez quelques-uns des nôtres, le cardinal chancelier Duprat et Grégoire de Toulouse, par exemple; tandis
qu'une pléiade glorieuse se rattachait par la parole, par les

écrits et par la pratique de l'assemblée des Etats, aux progrès de la liberté dans la science et dans la politique nationale. Ainsi se préparait une large et prompte évolution dans
les opinions, la doctrine et les actes.

Pour le commencement du seizième siècle, l'on peut cependant rappeler ici encore, dans toute leur énergie, ces paroles
de M. Hanotaux : « Les étudiants recueillaient sur les lèvres
des professeurs le suc de la tradition romaine et scolastique ;
ils y séchaient au feu d'une doctrine âpre et autoritaire qui
faisait de tous ces Gascons les plus redoutables serviteurs
de l'autorité royale. Dès longtemps, on disait de l'Université
de Toulouse qu'elle était « l'Ecole des plus grands magistrats
« et des premiers hommes d'Etat. »

« Des hauteurs de l'Auvergne, du Velay, du Quercy, de la
Guyenne, de la Navarre, de l'Espagne, l'élite de la jeunesse
se rendait vers son Université... Le proverbe répétait :

> « Paris pour voir,
> « Lyon pour avoir,
> « Bordeaux pour dispendre
> « Et Toulouse pour apprendre[1]. »

Il faut regarder les portraits contemporains des professeurs
de cette époque que nous avons pu faire placer dans notre
salle du conseil[2]. C'est, notamment, le masque austère de
Martin de Aspilcueta, appelé Navarrus, professeur en droit à
Toulouse, puis à Salamanque, Coïmbre et Cahors. C'est surtout la figure de Guilhaume de Maran, en une belle gravure
du temps, extraite de l'in-folio de ses publications. Rien
n'égale la sévérité, la rudesse intelligente et pensive de cette
tête ascétique, au niveau de laquelle sont gravés sur le fond
ces mots : *Nihil præter te Domine et nisi propter te.* Au
bas, est inscrit un distique qui indique l'importance donnée
aux juristes marquants de l'époque. Il y est dit : *Ingentem*

---

1. *Loc. cit.*
2. Nous avons réuni quelques portraits et la plupart des travaux des
nôtres jusqu'à nos jours, dans la salle du Conseil de la Faculté.

virum... et le portrait ne dément pas, par son allure, cette solennité du langage[1].

Nous admirerons plus bas les conseils de tolérance religieuse exprimés en termes touchants aux puissants du jour par ce personnage si grave.

Dans ce même temps, les hautes fonctions de la magistrature et de l'enseignement du Droit s'échangent, ou même se cumulent, jusqu'à Henri IV, entre les mains des juristes les plus distingués.

En province, les fonctions élevées avaient certainement plus de relief et même d'autorité qu'à Paris sur leur entourage, à cause de l'éloignement du pouvoir central et du prestige qui en résultait, pour ceux qui étaient, de loin, les représentants de ce pouvoir.

Or, on trouve par alternatives ou même simultanément, au Parlement et à la Faculté, de nombreux juristes dont nous pouvons donner quelques noms particulièrement en vue.

C'est, entre autres, Antoine du Soller, conseiller au Parlement; Michel de Lautrere, lieutenant principal du viguier de Toulouse; Salvat, juge ordinaire du Falga; Armand du Vernet, conseiller du Roi et juge du Lauragais, au siège de Revel; Jean de Boyssonné ou du Buisson, conseiller au Parlement; François d'Antiquamareta, seigneur de Loubers, juge ordinaire royal; Eustache Imbert, conseiller au sénéchal; Armand de Ferrières, conseiller au Parlement; Jean de Coras, conseiller au Parlement; Antoine Guibert de La Coste ou de Costa, conseiller au Parlement; André Gallus (Le Coq), conseiller au Parlement; Pierre de Beloy, conseiller du Roi et avocat général au Parlement[2], qui furent tous professeurs à la Faculté, avant ou après, ou même pendant la durée de leur fonction de judicature.

1. « Ista quis artificem docuit compendia? Certe
    « Angusta ingentem claudit imago virum. »

2. Voir mon tableau des professeurs qui indique les principales sources de renseignements sur chacun de ces noms.

Au surplus, dans le cours du siècle, les relations entre le Parlement et la Faculté subirent d'assez nombreuses péripéties dont les arrêts souverains portent la trace. On peut trouver aux archives du Parlement de Toulouse des arrêts de 1537, 1545 et 1548 interdisant aux professeurs de plaider et postuler devant le Parlement et réglant les élections et promotions aux régences du Droit civil et canonique.

Le 21 juin 1553, un arrêt cassa les lettres patentes du roi Henri II, qui avait promu Martin Rosset, docteur-régent en Droit canon, à une régence de Droit civil, au mépris de l'institution du concours. La décision pouvait être bonne, mais c'était surtout le Roi lui-même que les parlementaires voulaient régenter au profit, cette fois, de l'Université.

Un autre arrêt du 5 janvier 1583 relate « l'honneur et satisfaction éprouvés par deux conseillers nommés aux régences vacantes ». Le Parlement régla les conditions du cumul. Il s'agissait, dans l'espèce, des conseillers François de Lagarde et Antoine Guibert de la Coste.

Ce n'est qu'en 1610 que Jean Ouvrier, professeur de Droit civil, ayant été nommé conseiller-lai, le Parlement refusa d'admettre le cumul des deux fonctions.

Le capitoulat ne cesse pas non plus de se recruter, presque à chaque élection annuelle, parmi les maîtres de la Faculté de Droit, comme il l'avait déjà fait aux siècles précédents[1]. Mais, avec les écoliers, c'est par les démêlés de police que les capitouls sont surtout en vue dans notre histoire.

La vogue de cet enseignement de la Faculté ne devait pas s'arrêter aux frontières de France. Bientôt nous allons voir affluer des diverses contrées de l'Europe et même d'au-delà des mers, des masses bruyantes d'étudiants, par milliers. Ils ne tarderont pas à se diviser en *Nations* turbulentes, comme à Paris. Ils prendront part aux discussions religieuses qui ont affligé ces temps et se mettront, avec toute l'ardeur

---

1. Voir notre *Vie de Toulouse au seizième siècle.* — *Les Capitouls.* Privat, libraire-éditeur, Toulouse, 1880.

de leur âge, les uns dans l'armée huguenote, les autres dans l'armée catholique, dont les combats ensanglanteront nos rues.

Dans la seconde partie du seizième siècle, après l'apparition de Cujas dans l'arène des discussions scientifiques, l'état des esprits des élèves et des maîtres s'était presque soudainement transformé.

L'École, confinée jusque-là dans l'exégèse des textes et de la glose, devint un centre de liberté intellectuelle et d'indépendance doctrinale poussées jusqu'aux violences brutales, soit aux études, soit dans les rues du quartier universitaire; dans ce que les étudiants appelaient le *Lieu Sacré*. Nous verrons qu'il n'y avait pas là simplement une exagération du langage gascon.

D'abord, c'est surtout par les étudiants venus du nord et de l'est de l'Europe que la réforme s'introduisit à Toulouse.

Nous verrons les arrêts du Parlement faire parmi les maîtres, comme parmi les étudiants, des victimes, par le fer et le feu des bourreaux, et l'émeute augmenter encore ces horreurs. Et nous admirerons en même temps les plus fermes catholiques de l'École, donnant au peuple et aux rois les plus sages et les plus courageux exemples de modération et de tolérance.

Malgré la discipline des collèges et de l'Université, on était souvent obligé de prendre des mesures pour rappeler la jeunesse aux convenances et au calme.

C'est dans le cours de la période actuelle que nous allons voir se produire les plus redoutables manifestations de cet état général de *combativité* par la parole, par la plume ou même par les armes, à travers l'éclat d'un siècle glorieux qui atteignait cependant, en Europe, les plus hauts sommets de la littérature, de l'art, de la science et de la civilisation sous leurs formes les plus raffinées et les plus brillantes.

II.

SÉJOUR DE FRANÇOIS Ier A TOULOUSE. — LE CHANCELIER DUPRAT. — FAVEURS ET PRIVILÈGES CONCÉDÉS PAR LE ROI. — PIERRE D'AURIOL, DOCTEUR-RÉGENT, SOLENNELLE-MENT ARMÉ CHEVALIER.

Mais nous devons assister d'abord à de plus agréables scènes.

Voici, tel que le donne l'*Histoire de Languedoc*, le récit des extraordinaires faveurs accordées par François Ier aux juristes. Il leur confère ce qui est le plus cher au roi cheva-lier, l'ordre de chevalerie. Evidemment, le père des lettres veut s'assurer la conquête de tous les travailleurs; mais il met au premier rang, à Toulouse, ceux qui soutenaient tra-ditionnellement l'autorité royale : les légistes, les maîtres de son chancelier, Duprat, présent à ses côtés en ce mo-ment.

« François Ier et Louise de Savoie vivaient alors entou-rés, dit M. Hanotaux[1], par ce parti qui paraît avoir trouvé son centre dans le Midi, au Parlement et à l'Université de Toulouse...

« Et c'est par l'entremise du duc de Bourbon que Louise de Savoie paraît avoir été mise en relation avec cette ardente Ecole de Toulouse, avec les Auvergnats, les Duprat, les de Pins, les Marilhat, les Briçonnet, les Tournon, qui allaient jouer un rôle si considérable... »

« Tous ensemble, aidés par le caractère hautain et la grande intelligence de la Reine-mère, soutenus par la nature vive et personnelle du Roi, donnèrent en quelques semaines, au nouveau règne, son empreinte définitive. » On ne peut dire ni mieux, ni davantage, pour caractériser le rôle important de

---

1. Hanotaux, *Études historiques*, pp. 8 et 10.

nos actifs et supérieurement intelligents devanciers à l'Ecole.

Voici le récit de cette œuvre royale à Toulouse, rapporté par les savants Bénédictins de l'*Histoire de Languedoc*[1] :

« François Ier, pendant son séjour à Toulouse, donna des lettres patentes en faveur de l'Université de cette ville, composée alors de vingt docteurs-régens dans les quatro Facultés. Il confirma ses privilèges et accorda aux docteurs-régens « celui de créer, ériger et promouvoir à l'ordre de la chevalerie ceux qui auront accompli le tems d'estude et résidence en ladite Université, ou autres qui seront par eux promus et agrégés au degré doctoral, et leurs personnes estre décorées de chacunes desdites dignités de degré doctoral et ordre de chevalerie. »

Les professeurs en Droit de cette Université avaient déjà la prérogative d'être faits *Comtes ès lois*, après avoir enseigné pendant vingt ans.

« Blaise d'Auriol, docteur-régent en Droit canonique dans la même Université, fut le premier qui fut créé chevalier, en vertu du privilège de François Ier. La cérémonie s'en fit avec beaucoup de pompe, le 1er de septembre suivant, par Pierre Dafis, docteur-régent et Comte ès lois, qui lui donna l'épée, la ceinture et le baudrier, les éperons dorés, le collier et l'anneau, où était le cachet et les armes de celui qui était reçu. Le candidat promettait de ne pas employer les armes pour les choses profanes, mais seulement pour la conservation des droits de l'Eglise, pour la foi chrétienne et pour la milice littéraire. Pierre Dafis, dans le discours qu'il prononça et qu'il adressa au candidat, le loua de ce qu'étant prêtre, il avait été référendaire dans la chancellerie de Toulouse, de ce qu'il était le premier du nom de Blaise qui avait écrit sur le Droit, et enfin de ce qu'il avait été le premier qui avait montré qu'on pouvait écrire éloquemment en français, genre d'écrire, ajoute-t-il, que personne n'avait encore connu auparavant. »

1. *Histoire de Languedoc*, t. XI, p. 210.

Le *Livre rouge* de la Faculté de Droit, très précieux recueil de manuscrits, actuellement déposé à la bibliothèque universitaire, contient le texte des discours adressés par Blaise d'Auriol aux Princes, à la Reine et au Roi, lors de leur arrivée à Toulouse.

Il résulte, de l'ensemble de ces fêtes et de ces paroles, que la Faculté et le Roi contractaient solennellement un pacte d'alliance déjà pratiqué, mais qui devait se traduire bientôt par une extension nouvelle du pouvoir royal sur l'indépendance provinciale.

III.

LES ESCHOLIERS. — LEUR DIVISION PAR NATIONS. — PREMIERS TROUBLES GRAVES. — INCENDIE DES ESTUDES. — LE PEUPLE, LA MILICE. — TERRIBLE RÉPRESSION PAR LE PARLEMENT.

Les belles époques de la Faculté n'étaient certes pas passées, mais il se préparait quelques sombres journées.

Le 24 janvier 1536 eut lieu, à l'école, une dispute solennelle, sur la matière des substitutions, soutenue, pour Toulouse, par de Boyssoné, *utriusque juris doctor*, *professor extraordinarius*, dit le *Livre rouge*, contre un professeur italien célèbre et devenu depuis peu Dominicain, Lancelot Soliti. La circonstance parut si solennelle que la foule accourut et que le Parlement lui-même s'y rendit avec empressement. *Præsidiles et consiliarii in tanto... numero quantus non antea visus est.* Nous retrouverons bientôt le héros toulousain de ce combat singulier[1].

Mais, en 1540, les luttes devaient changer de caractère et, sous l'influence naissante de la Réforme, l'émeute commençait à gronder dans la rue. C'est à l'École de Droit que la réforme fit ses premiers prosélytes ; c'est là aussi qu'elle provoqua ses premières rencontres sanglantes.

1. *Livre rouge*, p. 175 v°.

Le nombre des étudiants présents à certains cours y était
d'ailleurs formidable. Jean de Coras, professeur à la Faculté,
était à ce moment recteur; c'était un juriste déjà célèbre. Il
avait eu, du moins en 1554, et au dire de Maynard, l'arrê-
tiste, conseiller au Parlement et l'un de ses disciples, plus
de quatre mille élèves présents à son cours[1]. C'était, avec
les mœurs du temps, un terrain bien préparé pour l'émeute.

Maynard a tracé un récit sommaire mais émouvant des
événements tragiques du jour, et le *Livre rouge* contient cet
écrit rédigé, sur le moment même, par l'un des principaux
témoins sous ce titre : *Nova incredibilis et inaudita clades,*
anno 1540 et 14 aprilis, apud Tolosam accidit.

Le Parlement avait pris des mesures et prononcé des
condamnations corporelles, pour réprimer des désordres à
la Faculté de Droit : *Ad cohibendam scolasticorum quo-*
rumdam petulantiam, qui paulo ante ex scholis aulam
unam ingressi... Hispanos præsertim ensibus feriebant,
pedibusque insolenter conculcabant.

Le jour de l'exécution de la sentence, les jeunes gens
arrivèrent en masse, brisèrent tout ce qui se trouva sur leur
passage, mirent le feu à l'édifice où Arnaud de Ferrières et
Coras donnaient leurs leçons de Droit. L'incendie détruisit
tout : *exusserunt ut ne gymnasii quidem vestigium appa-*
reret. La milice voulait les arrêter, mais le peuple ameuté
déjà les avait mis en fuite. Trois cents s'échappèrent de la
ville, on en retrouva plusieurs noyés, on en arrêta un grand
nombre; sept furent retenus.

Avec la générosité qu'inspirent souvent, à cet âge surtout,
les travaux supérieurs de la pensée, l'un d'eux se déclara
spontanément le premier coupable de l'incendie. Il fut
condamné à être pendu le 11 mars 1540 et fut exécuté le

1. Bénech, *Mélanges de droit et d'histoire*, indique le passage de
Maynard. Il ajoute que Mathieu Wisenbach et Antoine Usilius (ce dernier conseiller au présidial et docteur-régent à la Faculté de Droit de
Montpellier) avaient été aussi les disciples de Coras, et qu'ils fixaient le
nombre de ses élèves pendant ses cours à deux mille, plus ou moins.

même jour devant la porte des Estudes : *Senatus arresto crucifixus est.* D'autres, absents, furent brûlés en effigie ou frappés de peines pécuniaires[1].

Nous apercevons dans ce document lugubre une indication nouvelle et qui n'est certainement pas indifférente : c'est la division du personnel des étudiants en *Nations,* comme cela se pratiquait depuis longtemps à Paris et même à Toulouse : *Hispanos conculcabant.*

Nous les verrons désormais marcher en corps, par troupes armées et disciplinées, avec leurs règlements, leur hiérarchie et leurs turbulentes rencontres. Nous aurons même à fournir de saisissants détails sur les mœurs de ces foules d'étudiants de provenances diverses et lointaines.

IV.

DESCRIPTION DU QUARTIER DE LA VILLE RÉSERVÉ AUX *Estudes.* — LE *Lieu sacré,* SON ASPECT, SES HABITANTS. — LES MONUMENTS DES QUATORZE GRANDS *collèges* GROUPÉS AUTOUR DES ÉGLISES SAINT-SERNIN, SAINT-PIERRE, DU TAUR ET DES CORDELIERS. — CUJAS, ÉLÈVE ET DOCTEUR ENSEIGNANT A TOULOUSE.

C'est en ce temps qu'était apparue la grande figure de Cujas. Il s'était signalé à Toulouse par ses études, par ses

1. Voici le texte de l'arrêt du 11 mars 1510, extrait des archives du Parlement, en ce qui concerne le principal coupable : « Et le dit Trelhaton, sans avoir regard aus d. lettres de tonsure, à estre délivré ès mains de l'exécuteur de la haulte justice qui luy fera faire le cours par les rues et carrefours acoustumez de Tholose, monté sur ung tumbareau ou charrette, et, la hard au col, l'amennera aus d. estudes ou au-devant la porte principale d'iceulx, en une potence que à ces fins y sera dressée, sera pendu et estranglé. Et au surplus l'a condamné et condamne la Court à mil livres tournois envers le d. syndic, pour estre employées à la réparation des d. estudes; le demeurant de ses biens aussi confisquez au Roy....

« Est arresté que l'exécution du présent arrest quant au dit Trelhaton faicte, la potence sera abattue et oustée, et le corps d'icelluy Trelhaton mis en sépulture sans pompe ne solempnité. Mansencal, de Malenfant, signé, prononcé et exécuté le 11e de may 1510. »

C'est-à-dire le jour même de la sentence. On voit que le mot « crucifixus », employé par le chroniqueur, ne doit pas être interprété strictement. La scène n'en était pas moins terrible.

leçons, comme docteur enseignant, et par ses publications, avant son départ pour l'Université de Cahors. Il était déjà un savant renommé à qui d'autres dédiaient leurs ouvrages.

C'étaient les premières années de ce grand mouvement des esprits, des nouvelles théories sociales, politiques et religieuses, si actives à Toulouse, et spécialement parmi les maîtres ou les innombrables disciples de notre Faculté de Droit.

Nous présenterons d'abord une description du théâtre pittoresque où vont se mouvoir tant de personnages devenus célèbres, à des titres si divers, et d'agiter tant de questions nouvelles.

Le 17 janvier 1515, un arrêt du Parlement condamna les capitouls « à édifier six escoles dans le délai de six ans : trois salles pour le Droit civil et trois pour le Droit canon, le nombre des professeurs devant être réduit à ce chiffre six ». Chaque professeur, nous l'avons vu, avait eu jusque-là une salle de cours de son choix et à ses frais.

Voilà donc la Faculté de Droit bientôt chez elle, ou plutôt logée par la municipalité toulousaine, comme elle l'est encore aujourd'hui.

Nous ne saurions mieux faire que de reproduire d'abord, à ce sujet, le texte de notre historien local, Catel :

« On lisait anciennement les Instituts au lieu où est maintenant la salle de Médecine[1], et Messire Bernard du Rosier, archevêque de Tolose, qui était docteur-régent, a leu les Instituts en ladite salle ; depuis, la ville recognoissant ce défaut de salles publiques en l'Université pour interpréter le Droit civil et canon, fit bastir, en l'année mil cinq cent dix-huit, ces trois grandes salles que nous appelons aujourd'hui les Estudes, dans lesquelles les professeurs, tant en Droit civil que canon, font leurs lectures, et à ces fins fit

1. Vers le milieu de la rue des Lois, sur le terrain qu'occupe aujourd'hui la nouvelle partie de la rue du Collège de Foix et près de l'église des Cordeliers. Une plaque de marbre avec l'inscription du temps y était encore placée au-dessus du portail, il y a quelques années.

imposer la somme de deux mille livres, lesquelles escholes
ou salles furent achevées de bastir et garnies de bancs et
pulpitres, ainsi qu'il est noté dans les Annales de la ville de
Tolose... et cette rue où les professeurs en médecine font
leur lecture estait appelée, dans les anciens cadastres, la
rue des Loix. Mais les Estudes ayant été basties, cette inscription fut gravée en lettres d'or sur une pierre à la
porte desdites écoles : *Anno* cɪɔ oɪc *quo feliciter natus
Delphinus* », etc [1].

Le quartier réservé à l'Université s'étendait entre la vieille
et superbe abbaye romane de Saint-Sernin, l'église du Taur,
avec son clocher de forme particulière au pays et rappelant
l'architecture mauresque à côté du gothique, et le couvent
des Chartreux, aujourd'hui l'église Saint-Pierre.

Là, près du couvent et de la belle église gothique des Cordeliers, étaient les *Estudes*, c'est-à-dire les Facultés, d'un
aspect bien plus modeste que de nos jours, avec des rues
d'un caractère particulier disparu pour toujours.

C'était, pour les étudiants de tout âge, depuis l'adolescent
de douze ou quinze ans, de la Faculté des arts ou des collèges, jusqu'au licencié, aspirant au doctorat en Droit ou en
Médecine, après de longues années d'études, le terrain ré
servé à leurs travaux et à leurs exploits de tout ordre. C'était
le *Lieu sacré*.

Nous devons en dire un mot, pour donner aux scènes très
diverses que vont jouer les étudiants en Droit, surtout, la
physionomie exacte de l'époque.

La rue actuelle du Taur, allant du Capitole à Saint-Sernin,
était la plus remarquable sans doute, car, sur son parcours,
avait été bâtis à chers deniers, par les cardinaux, les archevêques et les Papes, les collèges de Saint-Martial, de Périgord, de Maguelonne, de Saint-Raymond, et dans les environs le collège de Foix et plusieurs autres, avec leurs énormes et sévères constructions.

1. Catel, liv. II, p. 231, *Mémoires sur l'Histoire de Languedoc*, 1843.

A l'époque où nous sommes arrivés, dans la première
moitié du seizième siècle, il s'en élevait majestueusement
quatorze, placés sans ordre, dans un rayon de quatre cents
mètres environ[1].

Plusieurs de ces collèges ressemblaient à des donjons
féodaux, à de grandes forteresses, avec des murs de brique
très élevés et percés de rares ouvertures à meneaux. Il y avait
même, parfois, des tours d'angle et de lourds créneaux pour
couronner ces tristes et énormes cubes de brique.

On peut s'en rendre compte aujourd'hui encore, en venant
à notre Faculté par la rue des Lois, en présence du collège
de Foix, devenu un pensionnat de jeunes filles et un couvent dit de la Compassion.

La tour énorme du collège de Périgord se dessine encore
à l'angle de la rue de ce nom et de la rue du Taur.

Ces robustes édifices ont échappé aux démolisseurs, après
avoir résisté, non seulement à l'œuvre du temps, mais encore
aux canonnades des huguenots et des catholiques, alors
qu'en mai 1562 les troupes des deux adversaires s'y étaient
fortifiées.

D'autres collèges étaient construits dans le style moins
sévère et si souvent élégant de la Renaissance. Ces bâtiments
entouraient une grande cour carrée[2].

Il en était ainsi, par exemple, du collège de Maguelonne,
restauré au seizième siècle, et dont M. Mazzoli nous a conservé le dessin fait vers 1847, tel qu'il est resté dans les souvenirs de mon enfance[3].

Dominées par les hautes nefs et les clochers des Jacobins,

1. Il y en avait eu antérieurement plus que cela. En 1551, ils furent
réduits à onze par édit du Roi. Les Jésuites prirent possession, vers la
même époque, d'une partie de l'enseignement, notamment au collège de
l'Esquile.

2. Voir la publication des dessins des anciens monuments de Toulouse,
par Mazzoli. Imprimerie Chauvin, 1885, Toulouse.

3. On y retrouvait les longues galeries en bois très habilement dispo-
sées, dont il reste encore des modèles curieux dans plusieurs maisons de
la rue des Changes.

des Cordeliers, de Saint-Sernin, du Taur, qu'avait fièrement
élevés dans les airs la piété du Moyen-âge, toutes ces constructions imposantes formaient une masse dans laquelle les
maisons des particuliers devaient faire pauvre figure. Elles y
étaient nombreuses cependant, et comblaient les espaces qui
séparaient les monuments et leurs dépendances[1].

Il y avait aussi les grands couvents d'hommes et de femmes, plus ou moins étroitement cloîtrés, les Jacobins, les
Cordeliers, les Chartreux et bien d'autres.

Les plans anciens indiquent, d'ailleurs, les rues du quartier Saint-Sernin comme assez larges, quoique près des remparts. Les maisons particulières en pan de bois ou en brique,
percées de petites croisées à meneaux, plus ou moins ouvra-
gées, quelques-unes avec pignon sur rue, se suivaient sans
beaucoup d'ordre[2]. La plupart n'avaient sûrement, suivant
la mode du temps, qu'un premier étage très bas, avançant
sur la rue soutenu par des poutres de bois, en guise de colon-
nades et formaient ainsi, à la place de nos modernes trot-
toirs, des passages couverts pour protéger les passants contre
le mauvais temps ou contre les ardeurs du soleil.

On voyait, avec le vent, se balancer, en grinçant sur leurs
tiges horizontales plantées au-dessus des boutiques, les ensei-
gnes de tôle peinte qui s'avançaient dans la rue, pour attirer
les regards, avec leurs indications imagées.

Les ouvriers travaillaient dans les boutiques ouvertes
sous le contrôle des passants, comme le prescrivaient, pour
quelques-uns, les règlements antiques des corporations.

1. La bibliothèque de l'Arsenal de Paris a bien voulu mettre à notre
disposition le volume 5795 qui contient, avec de précieux manuscrits sur
l'Université, de nombreux détails sur tous ces collèges. On y trouve
spécialement un tableau synoptique des plus intéressants, sur tout ce qui
se rattache à leur origine et à leur fonctionnement. Nous signalerons
aussi une étude récente publiée sur ce sujet : NICOLLET, Les collèges dépendant de l'Université de Toulouse, d'après l'enquête de 1667. *Revue
internationale de l'enseignement supérieur*, 1889, pp. 413 à 413.

2. La publication de M. Mazzoli reproduit, p. 103, le dessin d'une maison du seizième siècle, place Saint-Sernin, qui existait encore en 1809 et
qui a disparu depuis lors, après toutes les autres.

Au croisement des rues étaient juchées, à l'angle des mu-
railles, dans leurs niches grillées, des statuettes de la Vierge
ou des saints naïvement sculptées en pierre ou en bois ; un
imperceptible lumignon, entretenu jour et nuit par les gens
du voisinage ou par les corporations placées sous leurs patro-
nages, les éclairait pieusement.

A certains carrefours on apercevait de loin de grandes
croix plantées en terre; les plans anciens en indiquent plusieurs dans le *quartier des escholes*. Çà et là, encastrées
dans les murs, des pierres portant, grossièrement gravés,
quelque courte prière, ou des ordres du Parlement, ou le
souvenir de ces événements tragiques si fréquents à cette
époque tumultueuse et dans ce quartier cosmopolite[1].

On y voyait tous les jours des groupes d'étudiants, dans
leurs costumes nationaux ou universitaires, souvent avec
des armes ostensiblement portées, circuler bruyamment par
les rues. Ils discutaient, ou se disputaient, ou chantaient des
airs de leurs pays, ou dansaient dans les carrefours, au son
des hautbois et des violons et en joyeuse compagnie, à l'occasion de leurs fêtes particulières ou des examens qu'ils
venaient de subir avec succès à l'Université. Les jours de
réception aux grades, ils étaient accompagnés de ces baladins dont il est tant de fois question dans les chroniques
et aussi dans les prohibitions des règlements.

Et pendant que cette jeunesse, après les études, s'agitait
au dehors, l'esprit des controversistes, des chercheurs, des
penseurs, vibrait dans les solitudes laborieuses. Ainsi les
hommes de travail recevaient l'écho lointain, et parfois très
rapproché aussi, des passions du monde ; se préparaient aux
disputes solennelles ou se mêlaient, par leurs écrits, aux
troubles d'un siècle tourmenté. Enfermés dans les bibliothèques opulentes des couvents, des collèges, ou dans celles
plus modestes et plus péniblement amassées de leurs de-

---

1. On voit des indications à cet égard sur les anciens plans de la ville.
Le nom de la rue Croix-Baragnon lui est venu d'un fait de ce genre et
des plus dramatiques.

meures, ils apprêtaient des armes pour les combats de la vie
qui s'étendaient partout.

C'est uniquement là que séjournait cette masse de jeunes
hommes qui suivaient presque en totalité, ou du moins par
milliers, les cours de Droit. Il ne devait guère y avoir de
logements et de commerce que pour eux, et l'on peut voir
encore à cette époque, dans plusieurs bulles du temps, que
des tarifs réglés par les Papes eux-mêmes fixaient d'avance
le maximum de ce que devait leur coûter le loyer de leurs
modestes habitations.

A Toulouse, le quartier des financiers, des marchands et
celui des parlementaires ont conservé de nombreux et admirables modèles des constructions privées; dans ce quartier-ci,
aucune n'est restée[1].

Les capitouls et leur police n'y étaient pas toujours bien
accueillis. Un manuscrit qui nous édifiera bientôt sur les
mœurs des habitants nous parle en d'étranges termes des
préjugés qui y étaient en cours, à l'égard du guet municipal.

Lors du passage de Charles IX à Toulouse, en 1565, les
étudiants voulurent « demander justice au Roi du meurtre
perpétré en la personne de M. Du Mont, écolier parisien, par
les capitols de Tholose; lesquels venant aux estudes au mois
de juillet, en l'an 1564, sous prétexte de quelque port des
armes, dont faussement ils avaient esté avertis, suivis de
deux ou trois cents fourrous armés de bastons à feu, hallebardes, piques, couselles et autres armes, ne trouvant com-
modité aucune, pour, avec quelque légière occasion, rassasier
et assouvir leur pestiférée et malheureuse volonté : forcenés
contre cette noble bande, qui ne s'amusait qu'à recueillir les
riches et subtiles interprétations de monsieur Forcadel, docteur-régent en cette Université. Enfin, non contens de cette
nouvelle esplanade qu'ils avaient faite en introduisant cette
canaille de truands et bélitres dans ce lieu sacré, — duquel
lieu il leur estait expressément *prohibé et deffendu d'en*

1. *Vue de Toulouse au seizième siècle*, passim.

approcher de 500 pas, et ce, par édit du Roy, confirmé par arrest du Parlement de cette ville [1]. »

V.

CUJAS. — SES ORIGINES. — CARACTÈRE DE SA VIE ERRANTE.

On voit dans quels termes les étudiants de ce temps traitaient la police et comment le Parlement les protégeait chez eux. Le Parlement et les capitouls furent loin d'être toujours d'accord. La ville ne manquait donc ni d'animation, ni de pittoresque; c'est là que grandit, étudia, écrivit et enseigna Cujas, bien au-delà de la maturité complète. Il ne devait quitter Toulouse et la Faculté, dont il était le grand docteur, qu'à l'âge de trente-trois ans.

Ce serait laisser une grave lacune dans l'histoire de notre Faculté que de ne pas rétablir, sur un sujet discuté depuis des siècles, la vérité qui touche à l'honneur même de notre passé, et qui désormais s'est fait jour par des documents nouveaux.

Cujas naquit à Toulouse dans une maison de la rue qui porte son nom [2].

C'était en 1520, suivant les uns, en 1522, d'après d'autres. Les discussions à propos du grand juriste commencent, on le voit, dès sa naissance. Il était le fils d'un tondeur de drap ou foulon, venu lui-même à Toulouse du diocèse d'Oloron, dans les Pyrénées. Il fut affligé de chagrins de famille dont nous n'avons pas à parler, pas plus que de sa vie privée, à l'honneur de laquelle personne n'a songé à porter atteinte.

Des volumes ont été écrits sur sa carrière et ses œuvres; nous n'en parlerons que dans leurs rapports avec la Faculté. Il fut le chef glorieux de la nouvelle école historique.

1. Catel, *loc. cit.*
2. Une plaque commémorative indique cette maison, de bien modeste apparence, à la rue Cujas, n° 10.

M. Berriat-Saint-Prix s'est ardemment passionné pour Cujas et pour son œuvre. Il le présente comme une des gloires de l'esprit humain, et on sait, en effet, de quelle renommée les siècles ont entouré son nom jusqu'à nos jours, dans tous les pays, particulièrement en France, en Italie, en Espagne et dans tous les pays allemands. M. Berriat a retrouvé, après d'énormes recherches, nous dit-il lui-même, les noms devenus célèbres des élèves de Cujas partout où il a professé. La liste de ces élèves, reconstituée en partie pour Toulouse, est vraiment surprenante par le nombre et par la qualité de ceux qui s'y trouvent.

Nous pourrons signaler parmi ces premiers disciples :

En 1547, Paul de Foix, qui fut ambassadeur, ministre d'État et archevêque de Toulouse.

En 1547, Guy du Faur de Pibrac, président au Parlement, ambassadeur, chancelier de Navarre et d'Alençon.

En 1544, Jean Amariton, célèbre éditeur des notes d'Ulpien.

De 1554 à 1557, Pierre du Faur de Saint-Jory, premier président du Parlement.

De 1554 à 1559, Antoine Loisel, avocat à Paris, substitut des Grands Jours de Poitiers, avocat général de la Chambre de Guyenne.

En 1553, le célèbre érudit Marc-Antonin Muret.

Enfin, Etienne Pasquier, plus jeune que Cujas de quelques années seulement, qui vint à Toulouse et qui a écrit : « Chacun le trouvait d'un esprit fort clair et qui ne promettait pas peu de choses. » Pasquier ne se trompait pas dans son horoscope.

Cujas eut d'autres élèves innombrables, plus illustres encore dans les autres Universités, et qui le suivaient de ville en ville. Signalons entre mille : Pierre Airault, Pierre Pithou, Jeannin, le ministre d'Henri IV, François Pithou, Jacques de Thou, Scaliger et Guillaume de Maran, devenu professeur à Toulouse, et dont nous reparlerons.

C'est une erreur très grave et pourtant très répandue de

croire qu'il fut indifférent à tout ce qui n'était pas le Droit et de le juger sur cette parole dont il usait quelques fois, pour se débarrasser des importuns ou des provocateurs mal-intentionnés : *Nihil hoc ad edictum prætoris.*

On peut lire, par exemple, au début de son traité sur les questions de Papinien, une invocation qui est, en vérité, la prière très humble du maître dévoué à ceux qu'il est chargé d'instruire, et qu'il veut se rendre favorables, afin de les guider plus sûrement vers la vérité et le bien.

« Il nous faut avant tout invoquer Dieu et l'invoquer cha-que jour, en commençant notre labeur... Nous te prions, ô Dieu très grand et très bon, par Jésus-Christ, pour que dans ce travail, non moins que dans tous nos actes, tu nous assis-tes, le voulant bien, pour que tu nous sois propice et que tu nous diriges par ton saint esprit, afin que, vivants, nous plaisions à ceux que nous voulons servir, suivant sa volonté, et que morts, s'il nous est permis, nous ne leur soyons pas inutiles. Que cela, Dieu le fasse ainsi. » Ce n'était qu'ap-proximativement une formule liturgique[1]. Mais elle était fort touchante, dans la bouche de ce grand maître.

Ce n'est certes point, en tout cas, la prière d'un indiffé-rent, ni la parole d'un incrédule : c'est celle d'un chrétien pieux, mais plutôt indépendant.

Il parlait déjà dans ses lettres, avec des mots de critique accentuée, de la pure et vraie religion chrétienne. Et c'est ce qui est conforme à la tradition, qui le considère comme ayant incliné vers les protestants, et même comme étant mort calviniste, malgré les apparences contraires qu'il vou-lait garder[2].

C'était, dans les choses de la vie, l'éternel indécis, mais

---

1. « Id invocandum est nobis initio : invocandum quotidie dum incedit « opus... Te precamur Deus opt maxime per Jesum Christum ut in hoc « labore, nec non in cæteris actionibus omnibus, nobis adsis volens, ac « propitius regas nos tuo sancto spiritu, ut et vivi placeamus quibus pro-« desse volumus, secundum ejus voluntatem, et mortui, si optare fas est, « iisdem non inutiles simus. Id ita Deus faxit. »

2. Voir Berriat-Saint-Prix, *loc cit.*, p. 583.

une belle âme, très simple, très bonne, trop timide parfois.
Il voulait, dans les matières où il ne se considérait pas comme
autorisé, laisser aux autres leur liberté, et c'est ce qui explique ses réponses évasives, à l'occasion; il avait, d'ailleurs,
quelque raison d'être discret, alors que les guerres religieuses désolaient la nation et que la sinistre lueur des bûchers
se répandait sur le pays, pour punir quelquefois de simples
paroles[1].

Ce n'était pas non plus un indifférent pour sa patrie, celui
qui adressait du haut de la chaire, à ses immenses auditoires, accourus de tous les pays, ces nobles et graves paroles :
Patria omnibus carior esse debet quam nosmetipsi.

Il sut fermement résister aux magnifiques récompenses
qui lui furent offertes pour le décider à écrire en faveur du
cardinal de Bourbon, prétendant à la couronne de France. Il
sut aussi, à Bourges, braver les menaces d'une foule ameu-
tée contre lui à cette occasion.

On dit même qu'il mourut de chagrin à la vue des calami-
tés publiques dont il était le témoin désolé.

VI.

ENSEIGNEMENT ET TRAVAUX DE CUJAS A TOULOUSE. — DIS-
CUSSIONS VIOLENTES AUXQUELLES IL EST MÊLÉ. — MOTIF
DE SON DÉPART POUR CAHORS.

Laissons de côté, dans la vie du grand jurisconsulte, tout
ce qui est étranger à notre ville ou à notre Faculté et qui
appartient à l'histoire générale de la science du Droit.

C'est comme *privat-docent*, ou plutôt comme professeur
extraordinaire, *extra ordinem legens* à la Faculté, qu'il
obtint ses premiers et retentissants succès.

_____

1. Il en avait été ainsi récemment pour Caturce, professeur à la Faculté,
exécuté par le feu en 1531. Voir *Infra.*

Dès l'âge de vingt-cinq ou vingt-sept ans, en 1547, il avait ouvert un cours particulier sur les substitutions, qui lui attira les éloges des plus grands personnages.

C'est à Toulouse qu'il publia le premier ouvrage qui fixa sur lui l'attention des savants : *Les notes sur Ulpien*, en 1554.

Cette même année, 1554, il se fit inscrire pour disputer une chaire de Droit civil devenue vacante, et qui fut en définitive occupée, seulement deux ans après, par Forcadel[1], en 1556. Nous verrons avec quel immense concours d'étudiants et quel succès celui-ci professa plus tard, dans cette chaire dont l'attribution a été si passionnément discutée.

Forcadel fut-il préféré à Cujas dans le concours ouvert en 1554 et peut-on reprocher à l'Université de Toulouse l'erreur d'un pareil choix ? ou même, ce qui serait moins grave peut-être, un parti pris systématique, exclusif de toute nouvelle méthode d'enseignement ?

Depuis de longues années, et même déjà aux siècles précédents, on a formulé contre la Faculté de Droit de Toulouse cette double accusation. Un mot lancé par Papire Masson en a été l'origine lointaine.

Nous devons prendre parti pour nous défendre, et nous le faisons d'autant plus volontiers, que les arguments nouveaux et décisifs se multiplient de jour en jour, pour trancher définitivement la question en notre faveur.

Nous ne reviendrons pas sur les controverses anciennes, pas plus que sur la longue discussion bien connue des romanistes, entre Berriat-Saint-Prix et notre prédécesseur M. Bénech, en 1842[2], et dans laquelle intervint M. de Savigny.

Nous nous bornerons à ajouter, aux documents fournis

---

1. D'autres disent Forcatel. Nous n'insistons pas.
2. Berriat-Saint-Prix, *Histoire du Droit romain*, suivie de l'*Histoire de Cujas*. Paris, Fanjat, libraire, 1821. — Bénech, *Cujas et Toulouse*. Toulouse, imprimerie Dieulafoy, 1842. Et *la polémique par lettres publiées*, eod. Toulouse, 1842.

par M. Bénech, l'insistance nouvelle convaincue et autorisée de M. Dupré-Lassalle dans notre sens[1].

Ce qu'il faut, surtout, pour discerner la vérité, c'est se mettre en présence du trouble des esprits à l'Université et au Parlement, pendant cette période sanglante à Toulouse.

D'un naturel timide, Cujas avait eu à subir, dès avant l'époque du concours, d'une part les manœuvres dangereuses d'un canoniste, son compétiteur pour la chaire, nommé Rossel, et, d'autre part, les attaques virulentes de Bodin, d'un homme dont l'ardeur immodérée pour les réformes sociales égalait le talent. Il n'y résista pas.

Jean Bodin était un homme jeune encore, étranger à Toulouse, un Angevin, qui avait acquis une autorité précoce parmi les élèves de la Faculté de Droit. Dès son arrivée, il s'était mis à la tête d'une bruyante cabale contre Cujas[2]. Il resta son ennemi violent jusqu'à la mort.

Il est certain, pour nous, que Cujas dut quitter Toulouse comme il quitta d'autres résidences, pour échapper aux luttes corps à corps et au concours lui-même qui n'était pas dans ses goûts ; mais sûrement, bien plus encore, pour fuir les dangers qu'il pouvait redouter, à raison de ses idées religieuses déjà suspectes d'indépendance, sous les yeux d'un Parlement implacable.

Il ne resta à Cahors que quelques mois ; il arriva à Bourges par la protection de l'Hospital et de Marguerite de France, duchesse de Berri. Peu de temps après, en 1557, il quittait Bourges pour se soustraire encore à la lutte. Cette fois, c'était la rivalité remuante de Doneau et de Duarein.

A Toulouse, Cujas ne fut repoussé ni par une obstruction, ni par les votes de la Faculté. Il partit volontairement deux ans avant le concours auquel il avait songé à se présenter.

Cette explication est devenu désormais une certitude abso-

---

1. *Michel de l'Hôpital*, par M. Dupré-Lassalle, conseiller à la Cour de cassation, t. I, p. 329. Paris, 1897.

2. M. Berriat-Saint-Prix l'établit dans une note de la page 501, voir aussi p. 370.

lue, surtout depuis la publication de documents dus aux recherches savantes de M. l'ingénieur en chef Fontès, membre de l'Académie des sciences, inscriptions et belles-lettres de Toulouse [1]. C'est Forcadel lui-même, l'élu du concours de 1556, qui parle cette fois, et son témoignage ne peut être contesté.

Observons les dates : cela suffit pour établir, dans ce long procès, un *alibi* de Cujas absolument décisif, et cette fois à la décharge des juges qui, n'ayant pas eu à s'occuper de lui, ne peuvent être soupçonnés d'une injustice odieuse ou d'un acte d'ineptie à son égard.

Au mois *de septembre 1554*, Forcadel se plaint des retards apportés à l'ouverture du concours. Dans la préface de ses *Epigrammata* publiés à cette époque et datés sur l'imprimé lui-même, « il se demande si, un jour ou l'autre, on finira par observer l'arrêt du Parlement concernant l'enseignement du Droit [2]. »

Or, *en novembre 1554*, Cujas avait disparu de Toulouse; il avait été installé dans sa chaire à Cahors ; et c'est en 1556, deux ans plus tard seulement, que le concours réclamé par Forcadel se jugea. Personne ne songera à dire sans doute que le concours dura deux ans; il put durer six mois tout au plus; *il ne dut donc commencer que dans l'année 1555, c'est-à-dire plus d'un an et demi ou même deux ans après le départ définitif de Cujas.* On n'avait plus à s'occuper de lui et malheureusement il ne devait plus revoir la petite patrie restée chère au souvenir de ses premiers succès et à son cœur.

---

1. *Revue des Pyrénées*, t. VI, 1894, 3e livraison. M. Fontès avait communiqué à l'Académie des Sciences une étude sur un savant mathématiciens du seizième siècle, qui était le frère de Forcadel. A cette étude est venue s'en joindre une autre, sur Forcadel le juriste lui-même (Etienne), lequel a publié de nombreux travaux juridiques, politiques et littéraires, conservés à la bibliothèque de la ville de Toulouse.

2. Il s'agissait du concours ouvert précédemment et auquel Cujas, Forcadel, Rossel et un autre docteur avaient été déclarés candidats, par arrêts des 17 février 1553 (*reg. des arrêts*, 47e fo 217 vo) et 29 mars 1554, eod.).

Donc, Cujas n'a pas été évincé, car il n'a pas concouru.

Donc, ce n'est pas pour l'empêcher de se présenter qu'on a retardé le concours, puisque les retards ont duré encore deux ans après son départ.

Nous avons lieu d'espérer que cette première question est résolue, une fois pour toutes, et que personne ne songera à répéter que Cujas a été victime, dans un concours, de préventions bartholistes ou d'animosités personnelles odieuses de la part de ses juges. Il ne fut repoussé ni jugé, puisqu'il professait à Cahors et puis à Bourges depuis deux ans, quand eut lieu le concours à Toulouse.

Il ne nous reste, par conséquent, qu'à nous expliquer plus clairement sur les motifs de son départ pour Cahors. Nous le ferons tout autrement qu'on ne l'a fait jusqu'ici.

A notre avis, Cujas n'avait que trop de raisons, surtout vu son naturel paisible, pour fuir les deux ennemis acharnés à sa poursuite, que nous allons faire mieux connaître avec les documents à l'appui, sans compter le Parlement, dont nous parlerons ensuite pour conclure.

En vérité, il ne s'agissait guère pour eux d'Alciat ou de Bartole, ni des textes de Justinien ou de la Glose. La cabale était dirigée sur des sujets de dispute autrement graves.

Dans les rangs de l'Université, le chef était un canoniste, Martin Rossel, animé par des passions plus profondes que celle des procédés d'étude du Droit romain, lequel n'était pas l'objet de ses propres études.

C'est Cujas lui-même qui, en arrivant à Cahors, nous donnera des renseignements précis sur la conduite de ce concurrent troublant : *quidam juris Canonici professor omnem rem perturbabat et distrahebat* [1].

Cujas ne songe donc pas à se plaindre des membres romanistes de la Faculté. Il ne voit qu'un agitateur responsa-

---

[1]. Discours prononcé à Bourges par Cujas, le 22 septembre 1556. Manuscrit de la Bibliothèque nationale, n° 6669 L. Voir la lettre de Bériat-Saint-Prix à M. Valette, *Revue française et étrangère*, 1842, pp. 238 et suivantes.

ble, un perturbateur, c'est Rossel le canoniste qui est seul l'auteur de tout ce qui a été fait contre lui : *omnem rem*.

Il y en avait un autre, cependant, du côté des étudiants, dont Cujas ne parlera que plus tard, mais il le fera publiquement et dans le langage de l'indignation.

C'était un jeune homme autrement redoutable, du moins par son talent et sa fougueuse nature; nous l'avons dit, c'était Jean Bodin, récemment venu d'Angers[1]. Nous le retrouverons dans la suite et nous le mettrons à la place qui lui convient; bornons-nous à signaler ici le caractère de ses agressions contre Cujas.

Peut-être suivait-il les procédés de Bartole; il dit même avoir enseigné ses doctrines à Toulouse, avec celles de bien d'autres romanistes qu'il désigne tous en bloc, mais avec le même profond dédain. Son hostilité n'était pas assurément dirigée en ce sens purement exégétique.

C'était un esprit très supérieur, porté aux généralisations, qui par son *de Republica*, dans sa maturité, devait préluder de loin à nos études modernes de sciences sociales.

Agité et changeant par tempérament, il l'a dit lui-même, il eut les plus hautes relations, même celles du Roi. Mais abandonnant sans cesse les hommes et les choses, il devait arriver jusqu'à l'étude des sorciers, à la Démonologie, dans un livre qui fut brûlé sur la place de Grève[2].

. 1. Voir Baudrillart, *Bodin et son temps*. Paris, Guillaumin, 1853. Bodin continua, après son départ de Toulouse, ses attaques contre Cujas, et voici ce qui se passait quelques années après : « Cujas, dit 'l. Baudrillart, poussa contre Bodin un cri de colère, qu'il devait répéter en chaire contre le nouvel écrivain, parla pendant deux heures de suite de ses ignorances. La scène est racontée par Jacques Bongars qui en fut témoin, dans une lettre que cite la *Gallia orientalis*. Faisant l'anagramme de Joannes Bodinus, il affecta de donner à son adversaire, pendant toute la discussion, le sobriquet d'*Anduis sine bono*. » (Baudrillart, *loc. cit.*, p. 115.) On sent bien, dans le ton de la discussion, plus qu'un désaccord purement théorique, on y voit la passion personnelle, dans une injure qui n'a rien de scientifique, ce qui était d'ailleurs admis par les usages du temps.

2. « Il prononça, devant le peuple et le Sénat de Toulouse, en 1559, un Oratio de *Instituenda in republica juventute*, lieu commun de littéra-

Il fut pendant son long séjour à Toulouse, à l'époque de l'ouverture du concours, dès 1554, et puis ensuite pendant toute sa carrière, l'ennemi passionné de Cujas sans qu'il ait jamais été question entre eux, assurément, ni d'Alciat ni de Bartole.

En 1614, Scot, dans l'édition qu'il donnait des œuvres de Cujas, avec les controverses de Bodin et d'autres, nous renseigne absolument à cet égard.

Et c'est bien ainsi, c'est-à-dire à la tête de la cabale de 1554, que Bodin est présenté dans les écrits du temps : *Primus et quasi Princeps* [1].

---

ture, mais qui respire l'amour des lettres et de la jurisprudence, et qui associe, dans un commun éloge, Budé et Alciat. » (Baudrillart, *Bodin et son temps*, p. 114; Paris, Guillaumin, 1853.) Bartole après Alciat : on le voit, le jeune juriste n'était pas bartoliste intolérant, et ce n'est pas là, pas plus que pour le canoniste Rossel, le mobile des hostilités. La passion venait d'ailleurs, on peut le constater dans le ton et le sujet de polémiques ultérieures entre Cujas et Bodin, dont nous donnons quelques extraits.

Voir notamment, en tête des *six Livres de la République*, 3ᵉ édition, 1578, Épître dédicatoire, Vido Fabro.

Bodin avait été attaqué par Cujas, dans des circonstances que nous indiquons plus haut; il répond : « Si tamen error veniam meretur Cujacium quodammodo veniâ dignum putem, cum ipse in eodem errore fuerim de quoquidem confiteri non pudet. Fuit enim tempus illud, cum populi Romani jura publice apud Tolosates docerem, ac valde sapiens mihi ipsi viderer in adolescentium corona; illos autem juris scientia principes, Bartolum, inquam, Baldum, Alexandrum, Fabrum, Paulum, Molinæum, quos viros; ac universum prope judicum et advocatorum ordinem, nihil aut parum admodum sapere arbitrarer postea vero quam in foro jurisprudentiæ sacris initiatus, ac diuturno rerum agendarum usu confirmatus sum, tandem aliquando intellixi non in scolastico pulvere, sed in acie forensi; non in syllabarum momentis, sed in æquitatis ac usticiæ ponderibus veram ac solidam juris sapientia posita esse : eos autem qui forenses literas nesciunt, in maxima Romani juris ignoratione versari. » — Voilà les romanistes seuls à ignorer le Droit romain et condamnés comme tels par Bodin à propos de Cujas. Ce n'est qu'au Parlement qu'on connaît le droit et la justice... Bodin ne fut sans doute pas toujours du même avis.

1. Nous ne jugeons pas ici, en Scot, l'écrivain ni le juriste, nous prenons l'homme qui écrivait en 1614, c'est-à-dire peu de temps après la mort de Cujas, moins de vingt-cinq ans en réalité, et qui peut avoir été le témoin des faits dont il parle.

Il y a des juristes qui se sont rués sur Cujas, écrivait-il, par effet d'une

Voilà donc les bruyants personnages qui environnent le savant paisible.

Or, il faut voir les choses de plus près. Le canoniste professionnel pouvait lui faire pressentir la portée terrible de ses tendances huguenotes très avérées, et en sens inverse le jeune réformateur devait le déclarer timide et rire de ses résistances au progrès dont il était lui-même le violent apôtre.

Une chaire s'offrait à Cahors, sans concours, plus sûrement et mieux rémunérée que celle de Toulouse; Cujas fut y chercher la paix et le calme nécessaire à sa nature, à son enseignement et à ses travaux.

Sans doute, il se rappelait les plaisanteries sinistres de Pantagruel que nous redirons, sur le sort des Régents « rotis comme harengs saurets ».

C'est que les hostilités étaient féroces dans les deux partis de la guerre religieuse qui déchirait le cœur de la patrie.

En 1531, trois professeurs de la Faculté de Droit furent poursuivis pour leurs opinions religieuses et condamnés; l'un d'eux avait été exécuté sur le bûcher, les autres avaient pu fuir.

Entre temps, les émeutes d'étudiants faisaient d'autres victimes parmi leurs maîtres.

En 1562, les capitouls protestants avaient prononcé, du même coup, six condamnations à mort contre des catholiques, c'était en première instance : elles furent réformées,

---

habitude de jeunesse, *insita sibi ab adolescentia consuetudine reprehendi, in Cujacium irruerunt.* C'est de Bodin qu'il entend parler en ces termes. C'est donc aux faits de Toulouse qu'il fait allusion, car c'est là que, pour la première fois, Bodin adolescent a maltraité Cujas.

Scot parle bien plus énergiquement encore de ces agressions, dans un latin auquel nous voulons laisser toute sa force. *Primi sola reprehensione, vel etiam propter malignitatem (uti loqui solet Cujacius) scutica digni..... In hos primus et quasi princeps occurrit Bodinus, scriptor Gallicus et non auditæ Reipubl. inventor : et cujus malevolentiam jam multæ nationes imbiberunt..... novorum civium hostes lacerat; eodem etiam genio Cujacium persequitur.* — *Alex Scoti, de controversis Jacobi Cujacii sententiis contra Joan, Bodinum et alios.....* (édit. de Cujas de 1614.)

comme trop sévères, par la Cour. Deux des condamnés seulement furent pendus.

L'écho de ces horreurs arrivait au loin, jusqu'à Cujas.

Il ne faut accuser de ces barbaries et de ces représailles que les passions du siècle et ne pas rabaisser les laborieux juristes de l'école, qui, vivant au-dessus de ces tristesses, n'ont jamais été directement désignés ni par Cujas lui-même lorsqu'il s'est plaint de son sort, ni par personne, que l'on sache, après lui. Ils ne furent que des victimes.

Arnaud de Ferrières, le plus influent des romanistes de l'Ecole, était resté pour lui, au contraire, le maître vénéré et l'ami fidèle.

Maran, qui était professeur à la Faculté en 1583, protestait aussi, dans les termes les plus acerbes, contre le départ de Cujas. Mais il n'en attribuait pas la faute à l'Université, pas plus qu'à des partis pris scientifiques. Il s'indignait, sans désigner personne, contre une ville de laquelle l'illustre sa-savant avait dû s'enfuir [1].

Nous partageons son sentiment et nous savons sûrement sur quelles personnes, qu'il n'ose pas nommer, sur quelles circonstances, qu'il n'ose pas indiquer, doit retomber surtout la responsabilité de la séparation.

En 1598, Cabot, professeur de droit civil et recteur, déplorait encore le départ de Cujas et témoignait son respect attristé ; il l'appelait le premier homme de l'époque.

Il en dut être de même de ses admirateurs, de ses élèves de la Faculté, déjà innombrables à ses cours. Beaucoup d'entre eux le suivirent à Cahors et à Bourges.

---

1. Voir les péripéties subies par ce texte de Maran et le texte lui-même rapporté par Berriat-Saint-Prix, *loc. cit.*, p. 513.

VII.

OFFRES FAITES A CUJAS POUR LE FAIRE RENTRER A TOULOUSE.
— LES CAUSES DE SON REFUS SONT LES MÊMES QUE CELLES DE
SON DÉPART.

En 1577, Duranti, alors avocat général, manifestant déjà
la hauteur de sa belle âme, avait fait appel à Cujas, par l'intermédiaire de Roaldès, pour lui offrir une régence devenue
vacante à la Faculté. L'offre fut renouvelée l'année suivante,
en 1578, par le président de Saint-Jory, avec l'agrément du
Premier Président et d'autres notables de Toulouse.

Cujas refusa par une lettre que M. Berriat-Saint-Prix a
transcrite[1] et dont il dit avoir vu l'autographe.

Le grand romaniste, toujours inquiet, déclare qu'il est mieux
à Bourges qu'il ne serait probablement à Toulouse. Il discute les conditions de l'engagement à prendre dans la *Con-*
duite, comme on disait alors ; son logement que lui donne
la ville ; son traitement de deux mille livres et le transport
de ses meubles. Il est doyen à Bourges, son rang ne lui don-
nerait pas ce titre à Toulouse.

« Ce serait me reculer au lieu de m'avancer », et ajoute-t-il :
quem praesentem contempsistis absentem requiretis, en
remerciant les deux illustres parlementaires de leurs offres.

Ce sont là de biens menus détails, pour le grand homme
arrivé à l'apogée de sa gloire scientifique.

Quand on accumule ainsi les petites raisons, c'est qu'on
n'en considère aucune comme suffisante par elle-même et
s'il en est d'autres que l'on cache, ce sont sûrement les
vraies.

Or, la lettre se termine par ces mots : « J'ai plusieurs raisons qui m'en détournent, que je tairai pour le présent »...

1. *Op. cit.*, p. 501.

Puis il propose de prendre à sa place Maran ou Roaldès, et ajoute : « *Graviores causas nolo dicere.* » Et il s'arrête.

« Monsieur, je me recommanderai bien humblement à votre bonne grâce et prierai Dieu vous donner la sienne très sainte.

« Bourges, ce 25 mars 1578. — Votre serviteur très humble, Jacques Cujas. »

Remarquons, avant toutes choses, que c'est un parlementaire qui avait écrit et que c'est à un parlementaire que la réponse s'adresse. Ce n'est donc pas sur l'Université, mais sur le Parlement que les reproches de Cujas doivent porter[1].

Or, nous n'avons pas les mêmes raisons que Cujas pour garder le silence et il nous est permis d'interpréter sa pensée toujours persistante, non moins que le caractère des événements qui la motivaient.

Cujas se rapprochait de plus en plus des Huguenots, dans sa vieillesse. Malgré ses actes de culte extérieur, il était tellement suspect qu'il avait dû, en 1573, se faire donner des certificats d'orthodoxie, pour être nommé conseiller au Parlement de Grenoble.

Son testament semble indiquer qu'il mourut calviniste[2].

Mais le Parlement de Toulouse, comme précédemment, s'était montré terrible, depuis les troubles de 1562 surtout. On avait été obligé, à cause de cela, de lui enlever temporairement et spécialement la juridiction criminelle à l'égard des Huguenots ; on ne la lui avait rendue qu'en 1572. En 1578, précisément, dit Catel, le maréchal de Danville massacrait encore ouvertement les religionnaires autour de Toulouse[3].

---

1. Puisque le verbe accusateur *contempsistis* est à la seconde personne, c'est aux auteurs de la démarche qu'on fait auprès de lui que s'adresse le reproche de Cujas, c'est-à-dire aux parlementaires.

2. Voir les documents cités par Berriat-Saint-Prix, *op. cit.*, p. 620 et suiv.

3. Catel, *Annales de Toulouse*, 1578, t. II, p. 552.
Voir, sur la rigueur exceptionnelle du Parlement de Toulouse, *le Mercure François*, t. III, p. 128, et l'*Histoire critique de Jules César Vanini* par M. Baudouin (*Revue des Pyrénées*, 1903, p. 400). M. Baudouin

C'étaient bien, sans doute, des parlementaires qui rappelaient Cujas ; mais en 1546 Dolet avait été protégé, lui aussi, par le Premier Président de Minut, et nous savons qu'en 1617, le Premier Président Le Mazuyer avait donné Vanini pour précepteur à ses enfants. Cela n'empêcha pas que ces protégés de parlementaires insignes mourussent l'un et l'autre de la main du bourreau, l'un à Paris, l'autre à Toulouse.

Les temps n'avaient guère changé que pour s'aggraver, de 1554 à 1578. Voilà ce que Cujas ne pouvait pas expliquer à ses amis du Parlement, pour justifier un refus motivé précisément par les mêmes raisons qui avaient principalement provoqué jadis son départ. Il avait donc, on le voit, plusieurs motifs pour ne pas présenter dans sa lettre ces considérations, pourtant très légitimes.

Graviores causas nolo dicere. C'était comme en 1554, lors de son départ pour Cahors.

Hoc non pertinet ad edictum prætoris, dirons-nous encore avec lui. C'est la formule à l'abri de laquelle il s'efforçait de garder ses idées religieuses, dans la sécurité et dans la paix nécessaires à ses admirables travaux. La Faculté et la ville elle-même n'en pouvaient mais, et il l'a toujours implicitement reconnu ; il y avait des préoccupations plus redoutables.

Voilà, pour nous, les véritables causes de son départ, comme celles de ses refus de revenir, après vingt-quatre ans d'absence, au pays de son enfance de ses plus rudes travaux et des premières joies de sa gloire naissante.

M. Gebhart a écrit : « Rabelais disait, à l'exemple d'Erasme : *Consulo quieti meæ...* Les écrivains, plus avides de science

particulièrement autorisé en la matière, dit, à propos de M. le Président Le Mazuyer : « C'était une ville si redoutablement catholique, que malgré l'édit de Nantes, aucun protestant ne se risqua jamais à s'y établir. » Ce fait public éclaire singulièrement notre explication sur la conduite de Cujas en particulier, à une époque un peu antérieure, mais encore plus agitée.

et d'observation que de poésie, de plus de bon sens que d'enthousiasme, trouvent souvent dans les choses religieuses
une apparence indécise et fuyante[1]. » Tel était, au fond, l'état
de l'âme de Cujas, indécise toujours pour ce qui n'était pas
le Droit ou pour ce qui ne s'en rapprochait pas directement.
Il avait demandé un certificat de catholicisme pour pouvoir
prendre le titre de conseiller au Parlement de Grenoble et il
ne s'était jamais avoué franchement huguenot. Il cherchait,
comme Erasme et Rabelais, de bonne foi, la quiétude nécessaire à la science et au travail.

Très malheureusement, en un sens, il ne faut pas chercher
ailleurs.

Sans insister sur la carrière suivie par Cujas, ni sur les
œuvres qui l'ont illustrée, nous revendiquons pour notre
Faculté l'honneur de l'avoir élevé à la vie scientifique.

C'est de Toulouse, et pendant qu'il y enseignait encore,
que s'est développé grâce à lui, à la suite d'Alciat, auquel il
fut d'ailleurs très supérieur, le mouvement merveilleux de
l'École historique. Ce fut une tendance nouvelle et féconde
des esprits de se placer au-dessus des détails des textes tron-
qués, pour en trouver la signification; d'expliquer les
phrases détachées qui forment le Droit de Justinien, en les
rattachant à l'œuvre où elles étaient empruntées, en étudiant
l'esprit de celui qui les a écrites pour fixer les circonstances
qui ont suscité l'œuvre tout entière et chacun de ses détails.

Mettre au service de ce travail les ressources d'une immense érudition juridique et littéraire, la connaissance de
toutes les grandes œuvres de l'antiquité et toutes les ressources d'une intelligence hors de pair, c'est ce qui a fait la
gloire de Cujas.

Cujas fut, il faut le reconnaître, malgré sa bonté prover-
biale, l'objet de beaucoup de jalousies et quelquefois la victime de passions vulgaires que suscitait son caractère, son
esprit absorbé en lui-même, mais aussi par une loi détes-

---

1. Rabelais, *La Renaissance et la Réforme*. Paris, Hachette, pp. 100 et 101.

table du sort et presque fatale, son éminente supériorité scientifique et sa gloire.

On l'a appelé le prince des jurisconsultes, le Papinien français.

Berriat-Saint-Prix, dans son admiration exubérante, a été jusqu'à dresser la liste des qualifications enthousiastes adressées de toutes parts à ses œuvres et à sa personne. Il ajoute ce trait touchant, que, dans certaines Universités d'Allemagne, lorsque son nom était prononcé en public, les docteurs se découvraient en signe de respect.

Nous avons eu, à la Faculté, le souci d'entretenir ce culte des souvenirs en réunissant, en un groupe singulier, les nombreux portraits de Cujas qui nous sont parvenus[1], surtout par la première page de ses principales éditions.

Mais c'est plus encore en constituant, sous le patronage de son nom, l'Académie de Législation. C'est par cette Société de juristes de l'école ou du palais qu'ont été établies, en France, les premières relations suivies avec les jurisconsultes étrangers de tous les pays, en vue de la science nouvelle de la législation comparée. On sait quel développement a pris, depuis cette initiative provinciale, l'œuvre admirable de la Société de Législation comparée à Paris.

Cujas fut connu personnellement, protégé et même comblé d'honneurs par le chancelier Michel de l'Hospital, qui avait été son élève à Toulouse; par Marguerite de Savoie, fille de François Ier, la Marguerite des Marguerites, qui protégeait le savant absorbé, comme un véritable enfant; par le roi Henri III lui-même, qui le chargea de missions importantes[2].

1. Il existe un petit portrait à l'huile, de Cujas, à la Cour d'appel. C'est une œuvre d'art, que l'on a attribuée à Clouet dit Janet. Il est en ce moment dans le grand cabinet des premiers présidents. Il figure en photographie sur plusieurs exemplaires de notre grand Tableau des professeurs.

2. Notre collègue, M. Joseph Bressolles, a dépeint, dans un très remarquable discours prononcé à la fête de l'un des centenaires de l'Académie des Jeux Floraux, en 1885, le caractère touchant du respect et de l'inces-

La ville de Toulouse a élevé une statue de bronze à Cujas sur la place de son Palais-de-Justice.

On a reproché au grand jurisconsulte, comme à ceux de son temps, de n'avoir pas suffisamment tourné leur esprit vers les préoccupations pratiques de la justice quotidienne.

Or, n'est-ce pas rendre à la justice les services de l'ordre le plus élevé et le plus nécessaire, que d'expliquer le sens de la loi doctrinalement, c'est-à-dire sans s'émouvoir d'intérêts pratiques spéciaux et personnels ; et cela, par les seules forces supérieures de la pensée, du sentiment ou de la raison dominant l'ensemble des choses, en vue de la morale sociale, de l'intérêt général et des intentions du législateur ?

VIII.

LES MEMBRES DE LA FACULTÉ APRÈS LE DÉPART DE CUJAS. — CHANGEMENT D'ESPRIT DANS LA DOCTRINE. — NOMS CÉLÈBRES PARMI LES PROFESSEURS ET PARMI LEURS AUDITEURS LES PLUS FIDÈLES. — LES MODÉRÉS ET LES VIOLENTS. — INFLUENCE DES ÉTATS DU LANGUEDOC ET DU CAPITOULAT SUR L'ESPRIT DES MAÎTRES DU DROIT.

Mais quelque absorbante que puisse être la haute personnalité juridique de Cujas, il faut rendre à chacun la justice qui lui est due. On s'est singulièrement trompé sur la physionomie de notre École à son époque, en ramenant tout à une lutte entre deux méthodes : entre des juristes d'allures nouvelles et d'autres juristes étroitement attachés à Bartole ou bien aux anciens glossateurs. Nous espérons l'avoir établi par les faits. Voyons de plus près les personnages eux-mêmes.

Il ne faut pas croire, en particulier, que les professeurs

sante protection de Marguerite de Savoie pour ce grand homme, qu'elle nommait « l'éternel indécis ».

laissés par Cujas à Toulouse soient demeurés dans l'ornière du passé et simplement confinés à l'interprétation étroite des textes du Droit romain ou aux divisions et subdivisions minutieuses de l'Ecole ancienne.

Cujas avait donné l'élan dans la doctrine et ils s'étaient lancés, par une impulsion simultanée et pour ainsi dire toute naturelle, dans l'activité ou les agitations de la vie intellectuelle du temps.

Ils prirent même une part des plus ardentes au mouvement politique et religieux des idées réformistes; les plus célèbres occupèrent les premiers rangs dans ce que nous appellerions l'opposition modérée aux idées arriérées des temps antérieurs.

Six d'entre eux, notamment Jean de Coras et Jean de Boyssonné, furent, comme tels, victimes des passions de la foule ou de celles du Parlement.

Nous ne pouvons guère, ici, que marquer à grands traits le tableau, aux tons enflammés, de cette période étrange de notre histoire toulousaine.

Nous tracerons seulement, en quelques mots, la physionomie et l'attitude des personnages dans les deux camps opposés sans sortir de l'Ecole : les modérés d'une part, les extrêmes de l'autre.

Nous placerons au premier rang Arnaud de Ferrières, le maître à qui Cujas conserva toute son affection et son respect et à qui il le disait en termes touchants.

Il était professeur à notre Faculté en 1540, après avoir étudié à Padoue. Il était revenu à Toulouse avec Michel de L'Hospital. Il devait être ensuite président aux enquêtes au Parlement de Paris; il fut envoyé comme ambassadeur à Venise, et enfin chargé d'une mission de haute confiance, comme délégué de la France au Concile de Trente, avec un autre Toulousain élève de notre Ecole, le président Du Faur de Pibrac.

Il écrivit de Venise, à Catherine de Médicis, cette lettre admirable d'humanité et de courage civique qui donne une

idée de ce que fut le maître affectionné de Cujas en matière
de religion et de politique :

« Madame, la vérité est certaine et indubitable que les
massacres advenus par tout le royaume... aussi contre le
peuple innocent, ont si fort esmeu et altéré l'humeur de
ceux qui ne sont pas de ce affectionnés à votre couronne,
encore qu'ils soyent du tout catholiques, quilz ne se peuvent
contenter d'excuse aucune; imputant tout ce qui a été fait, a
vous tant seulement et à mon seigneur d'Anjou : par le
moyen sus dict, il sest oté la couronne imperialle, etc.

« ... Votre Majesté est affligée d'avoir vu le Roy réduit en
telle nécessité qu'il ait été contraint de mettre si avant la
main en sang de ses subjects, ce qu'il n'adviendra jamais
plus sil plaiet à Dieu [1]. »

Le futur chancelier L'Hospital fut, à la même époque,
un élève de notre Faculté; il ne l'oublia pas. C'était un
Auvergnat, comme son prédécesseur aux sceaux de France,
le chancelier Duprat, élève, lui aussi, de notre Faculté. Il
sut se montrer fidèle à ses souvenirs de reconnaissance
envers ses maitres. L'Hospital était d'Aigueperse, Duprat,
d'Issoire, aux environs de Clermont-Ferrand, de ce pays
rude et beau, fécond en vigoureux esprits.

Dans le même temps, c'est encore un autre homme supérieur et un grand personnage que nous trouvons parmi les
élèves et puis parmi les maîtres de notre Faculté : Jean de
Pins, d'une grande famille de la contrée, devenu évêque de
Rieux, avait été chargé par le Roi de difficiles fonctions
diplomatiques.

Il avait été ambassadeur du roi à Venise en 1515 et en
1523 à Rome, où il fut appelé à jouer un rôle très délicat à
la mort de Léon X et à l'élection de son successeur [2].

---

1. V. *Le Seizième siècle et les Valois*, par le comte de la Ferrière.
Paris, 1879.
2. C'est lui qui a fait construire l'hôtel détruit récemment de l'ancienne
rue des Chapeliers dont nous avons quelques restes charmants, mais très
réduits et dispersés dans diverses maisons nouvelles, notamment rues
du Languedoc, 16, et Saint-Étienne, 10.

C'était, comme il y en avait dans le clergé et aussi dans le Parlement, un vrai catholique, irréprochable dans les plus hautes situations, et un esprit très modéré, car il s'efforça d'arracher aux mains du Parlement et au bûcher Etienne Dolet, que nous allons retrouver bientôt dans un autre camp.

Nous devons signaler aussi, dans cette pléiade de juris-consultes, Pierre Grégoire (*Gregorius Tolosanus*), profes-seur à Toulouse, puis à Pont-à-Mousson, qui écrivit, comme Bodin et après lui, un Traité *De republica*, mais dans un sens différent.

M. Etienne Jougla a présenté, en 1899, une intéressante thèse de doctorat sur les doctrines sociales, politiques, financières, administratives de Grégoire de Toulouse. C'était, comme ses prédécesseurs du treizième et du qua-torzième siècles, un partisan de la royauté absolue, à une époque et dans un pays où les doctrines de liberté et de contrôle se faisaient très vivement sentir autour de lui et dans la Faculté elle-même.

« Au point de vue de la science, dit M. Jougla dans ses conclusions, il ne le cède en rien à Bodin et, s'il n'a pas la profondeur du jurisconsulte angevin, il n'est guère possible de lui contester l'immensité de son érudition. »

Mathieu du Pac, Othon et Caturce, tous les trois profes-seurs à la Faculté en 1531, passaient pour avoir embrassé les opinions religieuses nouvelles. Ils devaient expier cruel-lement leur témérité. Mathieu du Pac et Othon, avertis par des amis officieux des dispositions rigoureuses du Par-lement, purent se soustraire par la fuite aux horreurs du supplice; leur exécution n'eut lieu que par effigie. Caturce fut brûlé vif[1].

Jean de Boyssonné était, à la même époque, très connu par son enseignement et ses œuvres; nous avons parlé de son tournoi scientifique avec le professeur italien. Il fut

---

1. V. Etienne Dolet, écolier à l'Université de Toulouse; article de Vaïsse-Cibiel, *Revue de Toulouse*, 1862, p. 162.

8

poursuivi comme huguenot et condamné à faire abjuration
sur un échafaud, devant la porte de l'église Saint-Etienne, à
genoux, moyennant quoi il entra dans l'église et fut absous.
Rodière considère cette rétractation comme sincère. Elle se
produisit, en tous cas, juste à temps.

Enfin, Jean de Coras, dont les œuvres avaient été publiées
à Lyon en 1556 et 1558, et forment deux gros volumes in-
folio, avait eu un immense succès à l'Ecole de Toulouse.
Poursuivi en 1572 par le Parlement, où il était conseiller, il
fut massacré, avec deux de ses collègues, au sortir de sa
prison, par une populace féroce, au milieu de laquelle, il
faut bien le dire, un certain nombre d'étudiants se distinguaient par leur fureur.

Il avait dédié un de ses traités (sur divers titres du Digeste)
à l'Hospital. Il était aussi de l'école de Cujas assurément.
Ses traités sont pleins d'arguments historiques empruntés à
la Grèce et à Rome; il cite Platon, Cicéron, Pline et bien
d'autres; il fait même des rapprochements entre les institutions municipales de Rome et celles de Toulouse au point de
vue de la législation et des coutumes.

Guillaume de Maran, dont nous aimons à rappeler le souvenir, écrivait à son tour : *Qua in re, ut in cæteris Jacobi
Cujacii principis, doctoris que exemplum sequi*[1].

L'école de Toulouse avait changé l'esprit et la forme de sa
doctrine; elle avait suivi son illustre maître.

Voilà, en vérité, des jurisconsultes qui ne pensaient pas
uniquement aux travaux minutieux, à la glose et qui ne
devaient pas interpréter, comme on a pu le dire, les textes
au plus près et uniquement au pied de la lettre. Plusieurs
furent martyrs de leurs croyances.

C'est à l'occasion de ces violences, et sans doute de celles
de 1581 pour le moins, que Rabelais disait dans son *Pantagruel* : « De là, Pantagruel vint à Toulouse, où apprint fort
bien à dancer et à jouer de l'espée à deux mains, comme est

---

1. *Paratilla in XLII priores digestorum libros.*

l'usance des escholiers de ladite Université; mais il n'y demoura guières, quand il veit qu'ils fesaient brusler leurs régents tout vifs comme harengs saurets, disant : « A Dieu « ne plaise que ainsi je meure, car je suis de ma nature « assez altéré sans me chauffer d'advantaige. »

Nous avons déjà signalé la lettre de protestation adressée par de Ferrières à Catherine de Médicis. C'est dans le même esprit que Guillaume de Maran, alors doyen de la Faculté, publiait, en 1615, une curieuse brochure dans les mêmes nobles sentiments. C'était une *Remontrance de la nécessité de restablir les Universités*, adressée au Roi.

Après avoir indiqué le mal qui les atteint et les abus qui y pénètrent, il ajoute : « C'est la vraie guerre qu'il faut faire à l'hérésie par le glaive et les armes de la science, qui sont les plus propres pour la vaincre avec l'exemple de la bonne vie. » Maran se montre ardemment catholique, mais, comme on le voit, avec le sentiment vrai et supérieur des devoirs de l'Etat en matière de religion, à une époque où il fallait joindre à ces qualités éminentes de l'esprit celles du caractère.

Nous trouverons un peu plus tard Pierre de Belloy, qui fut persécuté et emprisonné par les ligueurs et qui, après de nombreuses péripéties, était devenu l'ami personnel d'Henri IV. Il s'était fait nommer par le Roi avocat général à Toulouse, avait beaucoup agi et beaucoup dit sur Rome et contre les doctrines qui y étaient admises. Il avait été élève et puis docteur-régent à notre Faculté. Il dit lui-même, dans l'épître dédicatoire de l'un de ses nombreux ouvrages : *quo circa post tractatam per annos quosdam in Academia nostra Tolosana jurisprudentiam cum illorum plausu maximo (id non diffitebo).*

En 1583, il était pourvu du titre de conseiller. Mais ses débuts dans la magistrature se ressentirent des troubles dont le Premier Président Duranti, son ami, devait être victime [1].

---

1. Bénech, *Mélanges*, p. 374.

Il est difficile, on l'avouera, de trouver réunis dans un même corps et vers la même époque un pareil groupe d'esprits distingués et tolérants ou d'hommes à convictions ardentes et qui soient, en plus grand nombre, devenus par leur valeur de hauts personnages.

Sont-ce là, encore une fois, ces bartholistes, ces glossateurs obscurs, ces chercheurs de minuties invétérés dans leurs habitudes qu'on nous reproche et qui auraient, pour ces motifs, méconnu le génie de leur modèle à tous?

Ils avaient cherché à le reconquérir; ils n'étaient certes pas indignes, on le voit bien, de le revendiquer et de le garder ensuite à leur tête.

Même affluence de grands noms dans la jeunesse qui suivait les leçons de pareils maîtres. Nous en signalerons quelques-uns.

A ces époques anciennes, l'éducation dans les grandes Universités exerçait sur l'esprit de ceux qui les fréquentaient une influence bien plus active et profonde que de nos jours. La longue durée des préparations aux grades, l'exercice de l'enseignement nécessaire pour obtenir ces grades, la rareté des moyens de s'instruire en dehors de l'Université, l'attachement persistant et souvent passionné pour des maîtres que l'on avait choisis, la cohésion de la vie intérieure des Facultés, tout était fait pour laisser une empreinte pénétrante et durable dans l'âme des jeunes gens fidèles au devoir. Et c'est ce qui donnait aux Universités le droit de parer leur propre histoire, comme nous le faisons, du nom de ceux qui se distinguaient dans la suite de leur vie.

C'est, à côté de L'Hospital, Etienne Pasquier, qui fut l'un des esprits les plus sérieux et les plus distingués du seizième siècle, et Henri de Mesmes, et d'autres, que nous avons signalés autour de Cujas, leur régent. Le chancelier Pasquier a publié, il y a quelques années, les œuvres de son ancêtre, à trois cents ans de distance. L'on y trouve un souvenir touchant des études faites à Toulouse et de Cujas.

Henri de Mesmes nous a décrit la vie des jeunes gens studieux à la Faculté, en nous parlant de celle de son condisciple Pasquier.

Comme les camarades, dit de Mesmes, « ils étoient debout
« à quatre heures du matin, et, ayant prié Dieu, alloient à
« cinq heures du matin aux études avec leurs gros livres
« sous le bras, oyoient toutes les lectures, et ensuite, après
« leur dîner, lisoient, par forme de jeu, Sophocle ou Aristo-
« phane ou Euripide, et quelquefois Démosthènes, Cicéron,
« Virgilius, Horacius, et le soir encore, après souper,
« lisoient en grec et en latin. »

Ce n'est pas à dire, sans doute, qu'il en fût ainsi pour tous. Certains détails qui précèdent doivent l'avoir suffisamment prouvé.

Nous pouvons, pour nous résumer, affirmer ce qu'écrivait naguère M. Fournol au sujet des publicistes de l'époque[1]. « Nous connaissons mal l'histoire du Droit romain au sei-zième siècle; nous en retenons un fait : la renaissance du Droit romain, et un nom, celui de Cujas... Nous méconnais-sons le caractère de ce siècle, qui est celui peut-être où les querelles savantes furent les plus nombreuses et le choc des idées le plus tumultueux. Il en fut tout particulièrement ainsi à Toulouse. »

Il y avait d'ailleurs auprès de nous, en permanence, une École hautement pratique de politique parlementaire, où les juristes tenaient le haut bout. C'étaient ces États du Langue-doc, considérés par Jean Bodin, par Fénelon, par Tocque-ville et par bien d'autres publicistes, comme des modèles de gouvernement. On y discutait librement les impôts, toutes questions importantes d'administration de la province, et, par le fait même, la politique du Roi.

Ces États avaient une telle vitalité qu'ils furent, avec ceux de Bretagne, les derniers à résister à l'invasion du pouvoir

1. Quelques traités du Droit public, article par M. Fournol : Nou-velle revue historique du Droit, 1897, p. 298, et la thèse du même auteur sur Bodin, Paris, 1896.

royal et qu'ils ne disparurent complètement qu'à la Révolution.

C'était, avec le Capitoulat, où les juristes se multipliaient aussi, des centres de liberté locale très active et de discussions d'affaires, qui forçaient les savants à sortir d'eux-mêmes pour se livrer aux difficultés pratiques, aux croisements des idées, au mouvement des affaires, aux grandes entreprises, même diplomatiques, du dehors.

Voilà quelques traits de ce que nous avons pu voir chez ceux des maîtres que nous avons appelés les modérés; voyons quelles passions agitaient les autres personnages de la Faculté, dans leurs chaires, sur les bancs de l'Ecole ou dans les tumultes armés des rues et des places publiques.

IX.

AGITATIONS PARMI LES ÉTUDIANTS. — JEAN BODIN, ÉTIENNE DOLET, ET PLUS TARD VANINI. — RIGUEURS DU PARLEMENT.

Des esprits élevés, mais que le souffle de la liberté poussé jusqu'à la licence et les passions de tout ordre avaient surexcités, attirés de toutes parts vers notre Université, soulevaient autour d'eux la jeunesse. Ils portaient même le trouble jusque dans les rangs de ces hommes de haute valeur dont nous venons de grouper les noms.

Ainsi, nous l'avons vu, il n'y a aucun doute que le départ de Cujas pour Cahors ait été motivé en grande partie par l'hostilité publique et agissante de Bodin, que nous avons déjà rencontré sur notre route, de ce puissant esprit qui fut un grand agitateur de choses et d'idées.

Jean Bodin, en sortant du collège d'Angers, fut envoyé à Toulouse pour y suivre les cours de Droit. Il ne tarda pas à y faire du bruit. Il attira la jeunesse autour de sa personne. C'était, lui aussi, un érudit, un profond penseur; il est légitimement signalé comme le prédécesseur de Montesquieu,

Mais le grand écrivain devait lui être très supérieur par l'élégante recherche ou la vigueur du langage et plus encore par l'étendue de la pensée.

Le *De Republica* de Bodin l'a fait considérer comme un des hommes les plus distingués de ce seizième siècle, où il y en eut tant[1]. Mais que de contrastes extrêmes dans ses écrits et dans les péripéties de sa vie désorientée ! Il l'a avoué lui-même : le changement était une nécessité de sa nature[2].

Même après avoir quitté Toulouse, il continua à poursuivre Cujas de ses diatribes. Il le considérait comme un juriste insuffisant[3].

1. Voir Franck, *Réformateurs et publicistes;* Paris, M. Lévy, 1864, pp. 397 et s. — Baudrillart, *Bodin et son temps,* et la thèse de M. Fournol, *Bodin précurseur de Montesquieu;* Paris, 1896.

2. On lui a attribué l'épitaphe de Clémence Isaure gravée sur bronze, qui est en ce moment fixée sur le piédestal de la statue, dans la Loggia de l'hôtel d'Assézat et de Clémence-Isaure. La question a été débattue, il y a longtemps, entre Maynard, qui tient pour Bodin, et Catel, qui attribue la rédaction à Martin Gascon, avocat. La statue et l'épitaphe ont été, depuis, l'objet de bien des commentaires.

3. Voir *Les six livres de la République,* 3ᵉ édition, 1578. *Epistola l'ido Fabro curiæ parisiorum præsidi.* Voici ce que nous trouvons dans cette épître préliminaire. Bodin avait entendu dire qu'il avait été attaqué par Cujas. Il répond : « Respondendum putem : ac potissimum populari tuo Cujacio : tanta nihilominus iracundia exarsit, ut cum acerba oratione in me invectus esset, nulla meæ dignitatis habita ratione, ad extremum doloris impatiens, universum advocatorum ordinem forensia pecora vulturesque togatos appellaret, etc..., in me singulari quadam contumelia congessit. »
Nous devons à un envoi obligeant de la Bibliothèque de la Sorbonne l'indication des origines et du caractère de cette discussion entre Cujas et Bodin. C'est dans sa *Gallia orientalis* de *Paulus Colomesius* (1665) que se trouve une lettre de Bongars à Conrad Riter, du 4 avril 1600, d'où nous extrayons le passage suivant : « Venio, inde ad audiendum Cujacium, inaudierat is tangi se a Bodino, librum requirit, is nullus erat apud bibliopolas : mittit ad me, quem historiarum studiosiorem noverat quam juris tribonianici. Librum a me accipit, et aliquot post dies data occasione in hominem publica in lectione insurgit, per duas horas et quod excurrebat oratione perpetua. Recitatio illa a quibusdam ad Bodinum mittitur. Is in altera editione epistolam præmittit operi inscriptam Pibracio, qua *in Cujacium atrociter invehitur,* sed eorum quæ Cujacius notaverat in ista altera editione, nec volam reliquit nec vestigium. »
Nous pouvons rapprocher ces mots : « in Cujacium atrociter invehitur » de ces paroles rapportées plus haut de Scot : « ...insita sibi ab adolescentia

Cujas, écrivait-il, a introduit dans l'École une méthode d'enseignement spéciale telle que les professeurs de Droit se sont trouvés séparés des magistrats et des avocats et animés d'un esprit hostile à leur égard. Et Bodin prétendait prendre contre Cujas la défense des avocats que Cujas avait appelés, disait-il, des vautours en robe. Lui-même s'accusait d'être tombé dans l'erreur commune, mais, d'après une lettre adressée par lui à Faber, c'était au temps où il enseignait à Toulouse le Droit romain.

Bodin, dit un de ses admirateurs, fut à la fois « humaniste, juriste, astrologue, et, d'autre part, successivement huguenot et ligueur ». En 1580, ses livres furent brûlés publiquement. Il fut lui-même accusé de sorcellerie.

Il est certain qu'il soutint d'étranges et même d'effrayantes théories à ce sujet.

Les sorciers méritent le feu, il n'y a aucun doute ; mais, ajoute M. Franck[1] en analysant la pensée de Bodin : les plus exposés sont les plus faibles et les plus maltraités du sort : les vieilles femmes, les vieillards, les pauvres gens de la campagne, les bergers surtout et les filles que leur laideur empêche de trouver un mari. Bodin trouve le secret de justifier cette atrocité par la philosophie de Platon. De même que la beauté que nous apercevons en ce monde est un rayon de la splendeur divine, de même la laideur est la marque de ceux que Dieu a rejetés de son sein ou qui se sont donnés à son ennemi, au prince des ténèbres. De là le proverbe : « Laid comme une sorcière. »

Avouons qu'on pouvait tout redouter des fantaisies macabres d'un pareil adversaire.

C'est à Toulouse que Bodin se livra aux premières vio-

consuetudine reprehendendi in Cujacium irruerunt, in hos primus et quasi princeps occurrit Bodinus ».

Ainsi, nous avons une idée des procédés de Bodin, adolescent et homme fait, envers Cujas.

1. *Réformateurs et publicistes de l'Europe*, op. cit., par Ad. Franck, de l'Institut, p. 478. — Bodin, *Demonologie*, liv. III, chap. II, p. 836 de l'édit de 1598.

lences de son tempérament ; on sent bien quelle agitation dut
répandre autour de lui, dans la jeunesse de notre École, le
souffle affolé de cet esprit supérieur.

Bien au-dessous de lui par le talent, mais bien plus violent dans sa conduite et dans ses paroles, Étienne Dolet
avait aussi ouvertement joué le rôle d'agitateur, au milieu
de cette jeunesse toujours armée pour toutes les luttes.

Vers 1533, Étienne Dolet était venu à Toulouse pour étudier le Droit. Son éloquence ardente l'avait fait désigner
comme l'*orateur* en titre *des étudiants*.

Il avait présenté des vers latins aux Jeux Floraux, qui les
avaient trouvés sans doute un peu trop *libertins* pour les
couronner[1].

Il protesta violemment, sur les places publiques, contre le
supplice de Caturce, qui était son maître et son ami. Il se
livra aux mêmes protestations contre un arrêt du Parlement
de 1531, qui voulait proscrire chez les étudiants l'usage de
se réunir par Nations.

C'est alors qu'il commença la série de ses diatribes enflammées contre Toulouse. Il devait les continuer longtemps
encore après son départ forcé. Il fut arrêté et jeté dans les
cachots de la Conciergerie de la ville.

Il écrivit, le lendemain de son arrestation, à Jean de Pins,
l'évêque de Rieux, que nous connaissons déjà, que nous
sommes fiers d'appeler l'un des nôtres et qui le sauva.

Jean de Pins écrivit à son ami, le premier président Jacques de Minut, une lettre touchante : « Si je ne savais, lui
disait-il, combien vous êtes favorable aux bonnes études et
aux esprits d'élite qui les cultivent, je ne me permettrais
pas de vous écrire ; je ne vous recommanderais pas Étienne
Dolet, jeune homme d'une intelligence rare et supérieure ;
je ne vous prierais pas de le défendre, au milieu de ses périls, par votre suprême et équitable patronage... En atten-

---

1. Nous les avons retrouvés à la suite de l'*Histoire des Jeux Floraux*,
par de Ponsan, ainsi que des vers de Boyssonné, à l'hôtel d'Assézat et
de Clémence Isaure (Bibliothèque des Jeux Floraux).

dant, Dolet est en prison, victime solidaire chargée de payer pour tous. Il est même sous le coup d'une imputation très grave, puisqu'on l'accuse d'avoir manqué de respect au Parlement. Assez sur ce chapitre; je craindrais de vous importuner. L'ami commun qui vous remettra ma lettre vous donnera en même temps les plus amples détails sur l'affaire. » Dolet fut immédiatement remis en liberté.

Il faut penser que ce n'est pas seulement le Parlement qu'il avait irrité; car il fut l'objet d'une manifestation publique d'un singulier caractère et qui, à la vérité, n'était pas sans précédents au quartier de l'Université. Une procession burlesque fut organisée, où l'on voyait un porc traîné sur un char de triomphe et portant écrit sous son groin : Dolet [1].

Il partit bientôt; chassé de Toulouse, il dut ensuite quitter Lyon où il avait créé une imprimerie.

Il fut, malgré l'intervention personnelle de François Ier, brûlé, comme athée relaps, à Paris, le 3 août 1546. Il composa, dit-on, ce pentamètre, en allant au supplice, à la vue de la foule émue de sa jeunesse :

Non dolet ipse Dolet, sed pia turba dolet.

Nous ne voudrions retenir, de cette page sombre de notre histoire, que le souvenir de Jean de Pins, professeur, évêque et ambassadeur du Roi, arrachant une première fois le jeune étudiant au supplice.

Nous n'en avons pas fini cependant avec les perturbateurs de l'Ecole, ni, hélas! avec les arrêts de mort du Parlement.

Un autre jeune homme de trente-quatre ans, Pomponio Uciglio, c'est-à-dire Vanini, déjà célèbre par ses écrits subversifs, était venu plus tard se mêler à la jeunesse de notre Université. Le président Le Masuyer n'avait pas craint de le donner comme précepteur à ses enfants. Et néanmoins ses livres furent, comme lui-même, condamnés au feu. Il

---

1. Vaïsse-Cibiel, *loc. cit.*, p. 469, et les documents cités à l'appui.

avait répandu ses doctrines parmi une jeunesse moins nombreuse déjà et surtout moins ardente qu'à l'époque de Dolet. Mais qu'importait à ses juges implacables?

Il fut condamné à périr dans les flammes et à avoir la langue arrachée, sur l'échafaud, à Toulouse. Il résistait au bourreau; celui-ci lui fit souffrir une atroce torture dont nous répugnons à donner le détail. C'était en 1619.

M. Dubédat, ancien conseiller à la Cour, l'auteur de l'*Histoire du Parlement de Toulouse*, en faisant le récit du procès de Vanini[1], a eu raison d'écrire sur cette époque à la fois si hautement civilisée et si barbare : « Les supplices réservés à des hommes même épris de la folle et orgueilleuse curiosité de toutes choses, dépassent le but et jettent sur la terrible justice des hommes un jour sombre et dur, éclairé par les flammes du bûcher[2].

Le spectacle de ces magistrats, hommes de bien pour la plupart et dont quelques-uns furent de grandes âmes, devenant, réunis en corps et sur leurs hauts sièges, des fanatiques sanguinaires, déroute la pensée. Ils devaient croire sans doute, avec un inexplicable aveuglement, que dans ces temps d'orage, là était l'unique moyen de salut. Ce n'était plus de la justice.

La lutte sanglante, il faut bien le dire à la décharge de leur mémoire, était partout. Il leur semblait que c'était leur devoir de mettre en vigueur autour d'eux des lois martiales et de prononcer des sentences arbitraires. Ils altéraient alors, en tout cas, le caractère de leur autorité.

Nous avons raconté ailleurs les abominables tueries, les incendiaires brûlant des quartiers de ville tout entiers, autour du Capitole, en mai 1562.

Les capitouls avaient livré par trahison les portes de la ville aux huguenots, et c'était surtout en haine du Parle-

---

1. Le procès Vanini, *Recueil de l'Académie de Législation*, 1883-84, pp. 19 et suiv.
2. *Rec. de l'Acad. de Législat.*, 1883-84, p. 295.

ment, toujours en hostilité avec eux[1], qu'ils avaient commis ce crime.

Des étudiants formèrent plusieurs compagnies et marchèrent par Nations, avec les huguenots, contre les parlementaires, tandis qu'une autre partie de l'Ecole se battait avec ceux-ci et l'armée catholique du comte de Foix, autour de l'hôtel de ville et de l'hôtel de Pierre d'Assézat.

M. Guizot a dit lui-même, en racontant pour ses petits-enfants ces mêlées politiques et religieuses : « Là où ils étaient les plus forts et où ils avaient, soit des vengeances à exercer, soit des sécurités à prendre, les protestants n'étaient pas plus humains ni plus patients que les catholiques[2]. »

Telle est la vérité douloureuse qui doit éclairer tous les détails de ce lamentable côté de notre histoire.

X.

LES ESCHOLIERS ORGANISÉS PAR NATIONS. — LEURS COMBATS EN ARMES DANS LES RUES ET AUX ESTUDES. — ARRÊT DE RÈGLEMENT ENTRE LES CAPITOULS ET LES ESCHOLIERS.

Nous avons vu, de temps à autre, les étudiants de la Faculté de Droit se mêler aux tristes événements que nous venons de décrire. C'est le moment de les considérer à leur tour de plus près et d'aller, encore une fois, les retrouver chez eux.

Nous connaissons la scène : c'est le quartier de l'Université, avec ses monuments énormes très rapprochés, ses belles églises du moyen âge, ses rues bizarres et son aspect vivement coloré. Voyons à l'œuvre les étudiants, qui ne la quittent guère que quand il faut regagner leurs foyers plus ou moins lointains.

Un grand nombre d'entre eux travaille dans les modestes

1. Vue de Toulouse au seizième siècle, *loc. cit.*
2. T. III, p. 295.

logis loués au tarif fixé par l'autorité, ou dans les collèges,
ou bien aux *estudes*, où certains cours les attirent, encore
à cette époque en foule et par milliers.

Si l'on en croit ce que nous avons rapporté d'Henri de
Mesmes, avec ses amis, Pasquier, L'Hôpital et bien d'autres, ils travaillent comme on ne le fait plus de nos jours.

Mais tous les jeunes gens ne pouvaient pas se plier à un
pareil régime; il y en avait qui trouvaient du temps pour
tout et d'autres qui n'en trouvaient guère que pour boire et
se battre.

Les Universités d'Allemagne n'ont pas eu, de tout temps
comme aujourd'hui, le monopole plutôt fâcheux des étudiants aux mœurs batailleuses, avec les grandes épées, les
duels incessants suivis de danses et de banquets.

Bien avant le seizième siècle, Pantagruel aurait pu venir
apprendre à *dancer et à jouer de l'espée à deux mains.*

Il aurait pu même, comme les autres, échanger quelques
horions dans les mêlées dont le quartier était presque
chaque jour le théâtre.

Et il y avait là surtout des étudiants en Droit. Les documents ne parlent que d'eux, comme nous allons le voir;
c'est ce qui nous donne à penser que nous ne sortons pas du
terrain que nous devons explorer.

Malgré l'arrêt du Parlement de 1531, vilipendé publiquement par Dolet, les étudiants avaient conservé les groupe-
ments en nations.

Rien de plus naturel, dans ces milieux animés et très
diversement cosmopolites. Mais quelle est la chose si bonne
qu'elle ne puisse facilement dégénérer en excès dangereux,
et cela en proportion même de la vitalité de son origine?
Optimi corruptio pessima. C'était vrai pour bien des choses
dans ce temps.

Les nations ne se mettaient guère d'accord, dans leur
esprit de combativité, que pour maltraiter les milices, les
fourrous armés des capitouls et surtout leur police dé-
testée.

Au surplus, on sait bien qu'en ce temps où les voyages étaient si difficiles, chacune des Universités était loin d'être isolée et ne vivait pas uniquement de sa vie propre.

Malgré les périls des chemins et souvent à travers les dangers de la guerre, les jeunes gens couraient d'un pays à l'autre, seuls ou par groupes, et souvent à la suite de leurs professeurs préférés. Nous avons vu que ceux-ci changeaient eux-mêmes facilement d'Université et entretenaient entre eux, par ces uniques moyens, des relations actives et incessantes.

On allait à Padoue, à Milan, ou à Rome, ou à Toulouse, ou à Bourges, voire même en Espagne, en Portugal, en Allemagne, ou enfin à Paris.

On ranimait, par ces contacts personnels, toutes les sciences, mais aussi toutes les disputes de l'époque.

Pour être sûrement exact et pittoresque, comme il convient, dans la description de ces masses étranges, nous ne saurions mieux faire que de nous rattacher à un document original à peu près inconnu, inédit et d'un rare intérêt.

C'est la chronique manuscrite de la nation de Provence, rapportée annuellement pendant plus de soixante-dix années, de 1558 à 1630, par les étudiants de la Faculté de Droit, dignitaires dans la hiérarchie de cette puissante nation[1].

Ce petit volume est intitulé : *Livre des choses advenues à la très noble et très antique Nation de Provence depuis 1558.*

La nation de Provence comprenait les étudiants originaires du Comtat, Nice, Savoie, Genève, Bresse, Italie, Malte, les îles catholiques de l'Orient Les étudiants venus

---

1. En 1890, M. Baudouin, le savant archiviste de la Haute-Garonne, a ajouté aux études remarquables qu'il avait déjà communiquées sur l'Université à l'Académie des Sciences, une communication sur ce précieux manuscrit (*Mémoires de l'Académie des Sciences*, 1890, p. 180) : « Il appartient, dit-il, à la bibliothèque des Jésuites de la résidence de Toulouse. Il me fut communiqué par le P. Cros, un érudit de haute valeur que je voyais souvent aux archives de la Haute-Garonne, où il recueillait les matériaux pour l'histoire de son Ordre. » Suit la description du manuscrit.

de là étaient inscrits, bon gré mal gré, sur le livre de la nation : ils étaient tenus de faire hommage au Prieur, ou,
comme on disait, de le *reconnaître*.

Mais il y avait beaucoup d'autres nations à Toulouse.
C'étaient, par exemple, les Alliances de France où se classaient
les Parisiens, les Poitevins, les Bretons, les Périgourdins,
les Limousins, les Auvergnats, les Bourguignons. D'autre
part, c'étaient les Alliances des Gascons, Languedociens et
Rouergats. Il est aussi souvent mention des nations d'Espagne, d'Allemagne, d'Angleterre, « estans venus de diverses et lointaines nations pour apprendre et s'adonner à la
loy civile ».

« Chaque groupe d'alliés, dit M. Baudouin, avait son
prieur et son sous-prieur, élus, tous deux, à la majorité des
suffrages, parmi les antiques de la nation les plus expéri-
mentés, les plus braves et surtout les plus exercés au ma-
niement des armes. On fêtait l'élection de « Monsieur le
« Prieur » en lui faisant cortège par les rues de l'Université
et de la ville, avec une bande de musiciens, hautbois et violons »

Le manuscrit des Provençaux porte quelques noms devenus célèbres : Riquetti de Mirabeau, Castellane, Isnard. Les
Marseillais paraissent avoir joué un rôle particulièrement
actif dans leur nation.

Qu'était donc devenue l'Université de Montpellier? Elle
avait la gloire de son Ecole de Médecine; mais qu'était
alors son Ecole de Droit si prospère au temps de Placen-
tin et jadis si florissante, puisqu'à Toulouse se groupaient
si nombreux, les étudiants accourus, sans s'arrêter à elle,
sans doute, de Provence, d'Espagne, d'Italie et des îles orien-
tales de la Méditerranée? Qu'étaient, d'autre part, l'Université de Cahors, celle de Bourges, qui eurent leur juste célé-
brité, puisque le courant semble passer au-dessus d'elles,
nous amenant alors l'Alliance de France, c'est-à-dire l'Est
et l'Ouest, jusqu'aux Bretons, aux Bourguignons, avec même
des Parisiens et des Anglais? Tout cela ne démontre-t-il pas

qu'il n'y avait rien d'exagéré dans le renom que l'on attribuait à notre Faculté ?

Les conflits, même en armes, redoublaient, d'ailleurs, dans ce pittoresque quartier, dans ce *Lieu sacré* que nous avons décrit.

Pourtant, on poussait, comme de nos jours, à l'arbitrage entre particuliers ou entre nations. Dès qu'une difficulté survenait on nommait des arbitres.

C'était, par exemple, dans un conflit survenu en 1571, le Prieur de Bretagne, le Prieur de Gascogne, le Sous-Prieur du Languedoc d'une part, et, d'autre part, le Prieur d'Auvergne, le Sous-Prieur de Bourgogne, un escolier Gascon.

Leur sentence fut rendue. Alors, dit le chroniqueur provençal : « Messieurs de nostre Nation doivent aller à la messe et se trouver le lendemain avec leurs espées et bon équipage au logis de Monsieur le Prieur..... par ville, en belle ordonnance, avec auboys, accompagné d'une fort belle troupe de la dite Nation, tant en allant qu'en revenant..... où on fut honorablement traité, abondance et belle diversité de viandes. Et l'après-dîné le bal fut dressé avec belle troupe de damoiselles, où se sont trouvés les bons baladins qui ont décoré et donné réjouissance à toute la compagnie d'une infinité de cabrioles et pirouettes. »

Comme dans les villes légendaires des Universités allemandes, le duel y était à l'état endémique et normal, sans y être, d'ailleurs, souvent meurtrier.

Le manuscrit raconte plusieurs de ces duels, pour la seule nation de Provence. Voici la fin de l'un d'eux, qui ne serait pas assurément considéré comme correct de nos jours, mais qui donne une idée saisissante de ces mœurs quelque peu barbares des *nationaux*.

Un étudiant, Crespin, de Chambéry en Savoie, refuse de *reconnaître*, en passant auprès de lui, le Prieur de Provence; on organise sur place, dans la rue même, un duel à l'épée. « Le combat fut entre notre Prieur et Crespin, et les autres étaient spectateurs. »

« ... Crespin vint à lui, tenant son épée à deux mains pour
être plus assuré de faire le coup. Toutefois, notre prieur,
hardy qu'il estait, para le coup et fist passer l'espée de son
ennemi sur l'épaule et le joint au corps, si, qu'ils ne pouvaient plus se servir de leurs épées. Et s'estants quelque
temps efforcés, Crespin fut porté par terre, ayant la teste
dans la boue. Le prieur, qui ne perdit pas temps, luy mit le
pied sur la gorge, résolu à l'estouffer, mais il employa le
reste de la force qu'il avait pour lui crier mercy et lui demander la courtoisie. A grand peine pouvait estre entendu,
ayant la bouche presque pleine de boue. Notre prieur lui fit
la courtoisie, à condition que, l'ayant laissé lever, il lui fist
l'accolade en signe de recognaissance, comme il est observé
par nos bonnes coutumes..... Cela fait, d'autant que tous
criaient au guet et que de trois cents personnes qui étaient
spectateurs il n'y avait celuy qui n'eut le guet en bouche,
notre prieur se retira en ayant donné le bonjour à M. le
Prieur de Languedoc et à l'antique de Bourgogne qui les
avaient vu faire... »

Ainsi trois cents personnes, le Prieur du Languedoc, l'Antique de Bourgogne sont là et assistent impassibles à ce combat improvisé et brutal ; on appelle le guet, mais personne
n'intervient. Or, tout fut fait suivant *nos bonnes coutumes*,
dit simplement le narrateur, et il passe.

Plusieurs faits du même genre sont racontés avec la même
simplicité, le même calme, dans cette chronique qui ne concerne qu'une seule nation, et ne nous dit pas ce qui se passait en même temps pour toutes les autres.

Mais bien plus graves encore étaient les mouvements
d'ensemble, les batailles de nation à nation, ou encore des
nations alliées toutes ensemble contre l'autorité capitulaire.

Il leur arrivait de faire des *Estudes*, c'est-à-dire de la
Faculté, leur quartier général, et de s'y fortifier.

Un conflit étant survenu entre les nations française d'une
part, et les nations provençale et gasconne de l'autre, en
1571, « Messieurs de Gascogne et de Provence estant délais-

9

sés de la nation de Languedoc, sont venus trois jours après,
en bon équipage, dans les *Estudes* : M. Cochon, prieur de
Gascogne, avec sa troupe armée de corselets, hallebardes,
espées à deux mains et autres armes, du costé du Bazacle,
et M. le Prieur de Provence, armé d'un corps de cuirasse,
l'hallebarde au poing, avec sa troupe aussi, bien armés jusqu'aux dents, de l'autre côté du Peyrou, tendant vers la
croix. Là où arrivés, se sont arrêtés long espace de temps...
Et voyant nos gens que pour lors il n'y avait ordre, se retirèrent, ou fut dit que tous se trouveraient le lendemain avec
leurs armes pour se rendre maître des *Estudes*. Ce que fut
fait, et par ainsi firent quitter la place auxdits Français, lesquels ont été si bien poursuivis que, dans leurs propres logis,
avaient des soufflets, coups de pied et étaient désarmés. »
Cette fois, du moins, il n'y eut pas d'effusion de sang. La
même querelle dura trois ou quatre mois, pendant lesquels
tous les jours il fallait être en armes.

Enfin, on fit la paix, on en régla les conditions, et le récit
se termine par ces mots inattendus : « Fait à la présence de
M. Forcadel, un des docteurs-régens, et dans sa maison.
Voilà comment les affaires sont passées. »

On est surpris de trouver un professeur en renom au
milieu de cette bagarre, mais on comprend que les maitres
eussent un très vif souci de ramener l'ordre dans les études
et la paix entre leurs bouillants auditeurs, puisque les
mœurs du temps l'admettaient ainsi.

Il faut se souvenir que Forcadel avait un de ces immenses auditoires où les élèves assidus se comptaient par
milliers.

On se demande où de semblables assemblées pouvaient se
tenir. Les couvents du voisinage avec leurs grandes salles
voûtées, leurs églises, celle des Cordeliers, toute proche, par
exemple, ou les collèges des environs devaient venir en aide
à l'insuffisance du local des *Estudes*.

Il y eut d'autres prises d'armes, dont quelques-unes furent
sanglantes, pendant ces mêmes années. On peut s'en rendre

compte par la teneur de l'arrêt que nous transcrivons afin de
ne laisser aucun doute sur le caractère de ces tristes choses.
L'arrêt de 1531 sur les nations, blâmé par Dolet, était resté
lettre morte, et les nations vivaient, se disputaient et se bat-
taient encore en 1582.

A cette date intervient un arrêt qui témoigne en passant de
la hauteur dédaigneuse avec laquelle le Parlement traitait
les Capitouls. Nous avons signalé, ailleurs, les effets déplo-
rables de ces injures officielles et souvent injustes envers
les magistrats municipaux, toujours très entichés de leur
dignité passagère et de leur noblesse de fraîche date, et
aussi, parfois, jusqu'à la cruauté, des pouvoirs de leur juridiction criminelle.

« Jeudy, 26ᵉ d'avril 1582, en la grand chambre, porte
l'arrêt.

« La Court, pour obvier aux désordres, meurtres et incon-
véniens cy devant advenus à raison de ce que les capitouls
et aucuns autres magistrats de ceste ville se sont ingérés
aller avec leur famille et ministres, armés de arquebuzes,
halebardes et autres harnais, ès escoles de droicts, les jours
et heures des lectures; et aussi de ce que aucuns escoliers
ont porté et portant espées et autres armes ès d. escoles, et
combattre en ville ou ès environs, soubs prétexte de querelles le plus souvent esmenées par les prieurs et soubs
prieurs des nations; dont sont advenus les d. désordres,
murtres et autres excès : faict inhibition et défense aux
d. capitouls et autres magistrats, leurs officiers et ministres
de aller avec armes à feu ou autres ès d. escoles, ne à cent
pas es environs d'icelles, les jours et heures des lectures,
sans exprès commandement de la Court; et ce, à peine quant
aux d. ministres et sergents de la hart; et quant aux d. capitouls et autres magistrats, de privation de leurs charges et
autres arbitraires.

« Si a faict aussi défenses à tous escoliers de pourter
espées ou autres armes ès d. escoles ou ès environ d'icelles,
ni ailleurs par la ville, et de se entre quereler ou entre-battre,

ne faire aucuns prieurs ou soubs prieurs de nations; et à ceuls qui sont jà créés, s'en dire ou faire aucuns actes de prieurs ou sobs prieurs; ne faire aucunes assemblées, troubles ou empêcher les lectures, exiger des escoliers aucunes sommes, soubs prétexte de bienvenue ou autrement, sur peine de prison, bannissement et autre arbitraire; leur enjoignant se maintenir en toute modestie et se rendre assidus à l'audition des d. lectures. Et à ce que, tant les d. capitouls que escoliers et autres ne puissent à l'advenir prétendre ignorance des dites défenses et contenu en cest arrest, a ordonné la Court que les d. prohibitions pourtées par icelluy, de ne aller avecques armes ès d. escoles, seront gravées en une pierre qui sera mise et posée et une des portes des d. escoles. Néanmoins que aux articles du serment que les d. capitouls ont accoustumé prester à leur réception en la d. charge, sera ajouté qu'ils ne iront es d. escoles ou cent pas des environs d'icelles, avec leur famille, sergens et autres ministres, pourtans armes à feu ou autres, sans exprés commandement de la Court, comme dict est. Et au surplus que ces arrest sera publié, et les défenses faictes par proclamation publique ès rues et carrefours accoutumés de faire les criées et proclamations en la d. ville et cité de Toloze.

« DURAND, signé[1]. »

Il était bien nécessaire de mettre de l'ordre et de l'harmonie dans les rapports de ces divers corps de l'État toujours en lutte.

Et cependant, nous l'avons dit, on travaillait aux alentours des Estudes.

En l'année 1574, nous trouvons dans le même document original cette mention : « Afin que chescung fut curieux de employer son temps à l'estude et de faire son proffit en la Faculté de la Jurisprudence et du Droit, a esté ordonné par M. le Prieur, du consentement de tous comme le trouvant

---

1. *Archives du Parlement*, reg. B. 85, folio 415.

tort bon, que particulièrement entre nous, de notre nation, chacung interpréterait une loi ou un paragraphe, tel que lui serait baillé, et en ferait une lecture ou deux aux estudes. » Suivent quelques noms avec les sujets, par exemple la loi *Centurio § de Vulgar*, à interpréter par M. Fiacre Trichaut de... et M. Gibert des Martigues et M. Jacques Fabre de Pertuis, argumentant..., etc.

Nous ne saurions achever ces curieuses citations sans ajouter, comme un signe intéressant d'attachement des élèves à leurs maîtres et à leurs travaux, ces deux mentions de forme singulière.

C'est en 1567, « le temps donc envoya deux très horribles éclipses audit mois de septembre; l'un au commencement l'autre à la fin. Car au commencement nous osta le ferme pilier de cette Université, c'est à savoir, M. Fernand, père, s'il faut ainsi dire, des écoliers et patron de l'Université, lequel après avoir lu et interprété les lois avec très grande renommée, l'espace de 30 ans aux estudes de Tholose, passa de cette vie mortelle à une immortelle.

« Le second éclipse nous fut envoyé à la fin dudit mois par la rebellion de ceux de la nouvelle prétendue religion, autrements appelés huguenots... à l'occasion de quoi ayant été fermées les escoles de la présente ville de Tholose, s'en allèrent, presque tous les escoliers, les uns se retirant à leur maison, et les autres prenant les armes pour le roy. » Les études furent en effet fermées.

Et puis nous trouvons, hélas ! le récit des massacres de Jean de Coras et de ses compagnons, auxquels nous avons vu les étudiants malheureusement mêlés.

Le narrateur ajoute : « Et certainement, si je dis que les principaux qui consécutaient le massacre estaient escoliers, ce sera à grand regret. Car c'est chose pitoïable de entendre des enfants de Minerve, humaine et bénigne, se rendre enfans de Mars le cruel et sanglant, que autrement lon povait procéder à la mort de telles gens. »

Telles étaient les mœurs de cette jeunesse, de cette Uni-

versité que la nation de Provence célèbre en terminant ainsi
dans ses annales :

« La renommée ne se contentant pas de transpercer les
Alpes, accommençait de voler par tout le monde, pour y être
l'exercice des lois si florissant, quelle attirait à soi non seulement ceux dud. royaume, mais aussi toutes les nations
estrangères qui avaient désir de s'adonner à telle profes-
sion. »

XI.

RÉTABLISSEMENT DE L'ORDRE A TOULOUSE ET DANS TOUT LE
PAYS. — HENRI IV. — VUE D'ENSEMBLE SUR LE SEIZIÈME
SIÈCLE A TOULOUSE.

Par l'habileté énergique et l'autorité du Béarnais, les
esprits se calment, comme partout, à l'Université et à la
Faculté de Droit. Mais l'éclat des temps anciens allait s'effacer pour longtemps.

Un arrêt du Parlement du 19 janvier 1598 ordonne que
l'un et l'autre Droit serait désormais enseigné indistincte-
ment par tous les professeurs, dont les traitements seraient,
par conséquent, tout à fait égaux. Le casuel des civilistes,
proportionnel au nombre des élèves, dépassait trop, paraît-il,
celui des canonistes.

Le Livre Rouge dont nous avons parlé n'est pas le seul
des anciens registres conservés à la Faculté. Il en existe un
certain nombre depuis 1561, où nous pouvons retrouver non
seulement les noms et les signatures des professeurs, mais
encore une longue série d'actes scolaires et de certificats,
dans le détail desquels nous ne pouvons guère pénétrer que
pour en signaler le formalisme solennel et religieux. Les
serments reviennent partout. Les attributions de pouvoirs
se caractérisent peu à peu. Les guerres religieuses touchent
à leur fin.

Nous serions injustes envers le seizième siècle si nous

devions nous arrêter sous l'impression de lamentables souvenirs de désordre que nous venons d'évoquer. Il a mérité d'être appelé le siècle de la Renaissance, et c'est sous son aspect glorieux que nous en devons surtout conserver la mémoire.

Et c'est justice pour l'histoire de notre Faculté, comme pour celle de la France et de la société civilisée tout entière.

Ce fut, il est vrai, le temps des combats fratricides et des abominables tortures, mais, par un de ces contrastes qui déconcertent l'esprit et que l'histoire du christianisme naissant avait produits à Rome, ce fut un de ceux qui ont le plus honoré, sous d'autres aspects, l'histoire de l'humanité.

Nous ne pouvons que rappeler ici ses gloires dans les lettres, dans les sciences, dans les arts, et quel triomphal retour il amena, pour les races latines, dans cet éveil soudain de haute civilisation.

Quelle force de vie intellectuelle et artistique, silencieusement accumulée par le temps, éclata comme d'un même coup, à travers tous les obstacles matériels, dans le cœur de l'Europe centrale : dans le nord de l'Italie, dans l'Allemagne vers l'Occident et dans la France tout entière !

Les Universités sorties de l'Eglise avaient préparé, avec elle, ce mouvement merveilleux.

A Toulouse, en particulier, comme dans les villes italiennes et à leur suite, il s'éleva triomphant au milieu du choc des querelles locales. A notre honneur, ce mouvement fut assez fort pour résister à la terreur de tous les fanatismes, aux coups redoublés du Parlement, aux tortures des bourreaux et même aux horreurs de la guerre des rues.

A travers tant d'obstacles accumulés, les esprits s'élevaient ensemble vers les régions supérieures, et l'instinct populaire, entraîné à son tour, personnifiait chez nous, en deux types vivants et symboliques, la *Belle Paule* et *Clémence Isaure*, le culte renaissant de la beauté plastique dès longtemps précédé, dans notre Midi, par le goût naturel des chansons et de la poésie.

Et pour rester dans notre domaine, nous n'aurions qu'à rappeler les grands noms, déjà cités, de ceux qu'attira la renommée lointaine de notre Université.

Elle non plus ne fut étrangère ni aux lettres, ni au goût pour les plus nobles beautés de l'art.

En parcourant nos rues si riches des merveilles architecturales du Moyen-âge et des beaux souvenirs de la Renaissance, on peut s'en assurer.

Ce sont trois des nôtres, des juristes, qui, rivalisant avec les capitouls, les financiers et les parlementaires de la Renaissance, ont élevé trois des plus artistiques et des plus riches demeures que les âges aient respectées, pour l'honneur de notre passé toulousain. Jean de Bagis, Béranger Meynier, Jean de Pins se montrèrent, en construisant leurs hôtels, des artistes généreux, en même temps qu'ils étaient des membres savants de notre Faculté et du Parlement[1].

Et par une sorte d'harmonie persévérante des œuvres de l'esprit parmi nous, la plus artistique des maisons toulousaines de cette époque est devenue, il y a peu de temps, la demeure merveilleuse des associations séculaires ou modernes, mais toutes libres et spontanément créées, qui personnifient le culte des lettres, de la science et des beaux-arts, dans la vieille cité désormais rentrée dans la paix et la réconciliation des âmes.

---

1. Béranger Meynier fit construire, en 1515, son hôtel (rue du Vieux-Raisin, 32, hôtel de Lasbordes). V. notre *Vue de Toulouse au seizième siècle*, pour les détails.

DE LOUIS XIV
A LA RÉVOLUTION FRANÇAISE

LE ROI, LE PARLEMENT
ET LES PROFESSEURS DE DROIT FRANÇAIS.

I.

LA FACULTÉ ET L'ENSEIGNEMENT VONT EN DÉCROISSANT. —
QUELQUES NOMS DE PROFESSEURS CÉLÈBRES DE CETTE ÉPOQUE.
— LOUIS XIV CHARGE L'ARCHEVÊQUE DE TOULOUSE ET L'IN-
TENDANT DU LANGUEDOC D'UN RAPPORT DÉTAILLÉ SUR L'ÉTAT
DE L'UNIVERSITÉ.

Nous n'avons aucun fait saillant à ajouter à ce que nous
avons déjà dit de la première partie du dix-septième siècle.
Mais quelques noms de professeurs méritent d'être mis en
relief.

C'est d'abord Vincent Cabot qui, après avoir été professeur
pendant quatre ans à Orléans, occupa, pendant vingt-deux
ans, une de nos chaires de Droit civil, à laquelle l'avait fait
nommer le président Dufaur de Saint-Jory. La manière dont
il entendait ses devoirs prouve bien que l'ardeur des luttes
du seizième siècle s'éteignait : « Je suis gagé du public,
disait-il avec trop de modestie assurément, pour enseigner
avec fruit et non pour paraître vainement éloquent ou
savant. »

Il publia un grand nombre d'ouvrages énumérés dans la
biographie toulousaine.

André Gallus (Le Coq) fut spécialement autorisé, par lettres patentes, à cumuler les fonctions de conseiller au Parlement et de professeur à la Faculté. On trouve sa signature, en qualité de recteur, sur le diplôme de bachelier en théologie de saint Vincent de Paul (12 octobre 1604).

Jean de Lacoste (*Janus a Costa*) est plus connu; son ouvrage sur les *Institutes* de Justinien a été réimprimé à Leyde en 1719. Il professait à Toulouse dès 1614.

On peut signaler aussi Pierre de Taillasson et Jean de Majoret. Mais leurs œuvres eurent le caractère que nous avons indiqué comme étant celui de l'époque. C'était l'inventaire du passé, la mise en ordre des idées qui étaient répandues dans le monde entier, plus que des travaux originaux et personnels.

La renommée de Dadin d'Hauteserre, qui professa à Toulouse de 1648 à 1682, après avoir professé à Cahors, est d'une portée supérieure. Ses œuvres ont été délaissées parce qu'elles ont été écrites en latin et sur des questions du temps passé, mais ses travaux furent, à leur époque, pleins d'actualité et de vie.

Sa *Réponse au Traité de l'abus*, de Févret, lui valut une très grande considération dans le haut clergé dont il avait été le représentant à cette occasion; il soutenait l'autorité du Pape, comme il avait soutenu celle du Roi dans ses deux ouvrages sur *les Ducs et les Comtes* et sur l'*Origine des Fiefs*. Il défendait contre les grands seigneurs un jeune roi de cinq ans menacé par les factions. Son *Histoire d'Aquitaine* a fourni d'innombrables et précieux documents aux savants Bénédictins de l'*Histoire de Languedoc*.

Ses œuvres, d'une immense érudition et d'une très grande hauteur de vue, tant en Droit romain qu'en Droit canon, ont été rééditées à Halle en 1709, à Naples en 1777. M. Tamisey de Laroque a publié, en ces derniers temps, une curieuse correspondance du savant professeur de Toulouse avec les plus grands personnages de son temps.

M. Tamisey de Larroque a donné quelques détails intéres-

sants sur la vie d'Hautesserre. Il nous apprend que sa nomination à la Faculté date, non de 1644, comme on l'a dit, mais
de 1648. « Deux ou trois misérables envieux, ajoute-t-il,
s'efforcèrent d'empêcher une nomination qui fut surtout
l'œuvre du chancelier Séguier et qui lui fera toujours honneur[1]. »

L'Université de Toulouse et spécialement la Faculté de
Droit paraissent avoir singulièrement préoccupé Louis XIV
à divers points de vue.

Et cependant le nombre des élèves et leur ardeur à l'étude
avaient beaucoup diminué.

Les registres constatent qu'en 1639 il y eut soixante et un
docteurs et neuf licenciés en Droit civil, plus trois docteurs
in utroque et un licencié seulement en Droit canon; qu'en
1652, il y eut quarante et un docteurs et neuf licenciés en
Droit civil, six docteurs *in utroque* et un docteur en Droit
canon.

En 1668, le cours des professeurs le plus suivi avait cinquante ou soixante écoliers seulement. Nous sommes loin
des foules cosmopolites et tumultueuses de la Renaissance,
et nous constaterons la diminution presque incessante pour
les années qui suivent.

L'esprit turbulent était pourtant resté presque dans les
conditions fâcheuses du passé. On avait dû rendre, en 1645,
encore cette fois et ce ne sera pas la dernière, une ordonnance royale « défendant aux écoliers de Toulouse de s'at-
trouper, de porter des armes, ni de sortir après neuf heures
de nuit en été et sept heures en hiver ».

Ce n'était, ni chez les maîtres ni chez les élèves, l'ardeur
d'antan pour les idées et les doctrines; c'était le désordre,
sans la flamme généreuse qui l'ennoblissait le plus souvent,
au temps de Cujas et de L'Hospital.

Il fallait se relever de ces décadences à tout prix. On le

1. Voir aussi la notice sur la vie et les écrits d'Hautesserre par M. Rodière, *Rec. de l'Acad. de Législ.*, t. VI, p. 378, et l'article spécial dans
le livre du même auteur *Les grands jurisconsultes*, p. 325.

tenta d'abord, en entourant l'Université de faveurs de tout ordre.

En 1657, une ordonnance du Roi, par exemple, confirmait l'exemption, pour les docteurs-régents et professeurs de l'Université, de tout impôt.

En 1666, le Parlement déclarait, dans un arrêt, qu'ils avaient la préséance sur le juge mage et les autres officiers du présidial de Toulouse.

Vers cette époque se place un précieux document qui nous renseignera de la façon la plus exacte sur l'état de notre Faculté.

C'est un manuscrit de la bibliothèque de l'Arsenal dont M. Jourdain a publié le texte en l'éclairant de quelques indications préliminaires [1].

---

1. *Journal des Sociétés savantes*, 1862, deuxième semestre, pp. 311 et 406. Le manuscrit est inscrit sous le n° 823, II. F. Il porte, sur parchemin, l'original du rapport d'Henri d'Aguesseau, précédé du rapport des commissaires nommés par le Roi, pour faire connaître l'état des Universités de Toulouse et de Montpellier. Une copie de ces deux documents est conservée à la bibliothèque de la ville de Toulouse, n° 83.

Le recueil des manuscrits concernant l'Université de Toulouse nous a été communiqué de Paris par la bibliothèque de l'Arsenal (n° 5759); il contient les pièces relatives à la mission de d'Aguesseau à Montpellier et à Toulouse dont nous avons parlé. On y trouve notamment les observations des professeurs de la Faculté de Droit. Un Mémoire de 26 grandes pages in-folio, signé par Louis de Froidour... subdélégué par M. Daguesseau pour l'exécution de l'arrêt du Conseil de septembre 1679. Le Mémoire commence par ces mots : « La Faculté de Droit de l'Université de Toulouse est composée de six docteurs professeurs : l'ancien est Antoine Dadine de Hautesserre; le second, Jacques de Maran, prestre et grand archidiacre de Toulouse; le troisième, Jean Majouret, prestre; le quatrième, Bernard du Verger; le cinquième, Claude Tilhol, et le sixième, Jean Raymond Taillasson.

On constate que le Recteur est pris dans la Faculté de Droit par tour, de trois en trois mois. L'état de délabrement des lieux est indiqué avec une invitation aux capitouls de dépenser à réparer les Écoles ce qu'ils dépensent ailleurs pour laisser à la postérité la mémoire de leur capitoulat. Viennent ensuite les observations des professeurs sur les propositions de M. de Froidour.

Le même recueil contient plusieurs pièces relatives aux différends entre les régents et agrégés survenus vers la même époque, des pièces relatives aux Collèges et notamment la délégation à M. de Froidour pour les visites données en 1668 par MM. de Bourlemont, archevêque de Tou-

Colbert, frappé de la diminution de toutes choses dans les Universités, avait fait instituer des commissions chargées de les examiner en détail. En Languedoc, le Roi avait désigné comme commissaires : l'archevêque de Toulouse, Charles d'Anglure de Bourlemont, et le conseiller d'Etat qui exerçait alors les fonctions d'intendant de la province, M. Claude Bazin, seigneur de Bezons. C'est le rapport, minutieusement dressé par ces deux grands personnages, que M. Jourdain a reproduit *in extenso*. C'est donc une pièce authentique, à laquelle nous pouvons recourir en toute sécurité. Nous le ferons, comme l'avait fait avant nous, mais pour la chaire de Droit français seulement, M. Bénech.

Après avoir jeté un coup d'œil sur le passé, les commissaires indiquent « l'estat présent de la Faculté ».

Ce sont, depuis longtemps déjà, les professeurs de la Faculté de Droit qui, seuls, peuvent être Recteurs, c'est-à-dire chefs de l'Université, en se succédant les uns aux autres de trois mois en trois mois.

Le rapport indique le mode de nomination des professeurs régents, les privilèges dont ils jouissent. Nous n'insistons pas sur ces dispositions indiquées plus haut; nous n'oublions pas, d'ailleurs, que nous devons nous borner à ce qui concerne la Faculté de Droit.

Les six professeurs de la Faculté de Droit, en quatre quartiers, sont à raison de 764 livres chacun par an, tandis que les trois professeurs de théologie et les deux professeurs de médecine n'ont que 193 livres 9 sous chacun. Il faut ajouter à ces traitements les droits que l'on prend pour la promotion aux degrés; le tarif est fixé pour chaque grade, ainsi le résultat reste proportionnel au nombre et à l'importance des candidats.

---

louse, et Claude Bazin, délégués par le Roi, et un long rapport à la suite. Plusieurs autres pièces portent des rapports très détaillés sur l'état des divers Collèges. Le recueil se termine par un curieux tableau synoptique résumant les principaux détails sur l'origine, les ressources financières et l'organisation des Collèges. Nous en avons déjà dit un mot.

« Nous avons visité les escoles, disent les commissaires, elles sont à l'extrémité de la ville, en un lieu inhabité. C'est un très-grand corps de maison, solidement basty, divisé en trois salles excessivement grandes, qui peuvent contenir au moins huit cents personnes, dont l'une est pour le Droit canon, une autre pour le Droit civil et la troisième pour la lecture des licenciés. Mais tout est si mal entretenu par les capitouls, que les deux dernières ne sont plus fréquentées. Il y a une entrée à chaque bout du corps de logis, et tout le long une galerie en apenty, sans autres batiments. Il y a aussi une cour très espacieuse, fermée de murs de terre, tout brisés.

« Nous avons aussi appris que, pour recevoir les degrés en cette Faculté, il faut avoir estudié dans lesdites escoles pendant cinq ans, mais que cette rigueur ne s'observe pas à l'égard des estrangers qui, sur des certificats d'estudes en autres lieux, sont admis. Et d'ailleurs, lesdits professeurs sont demeurés d'accord qu'il y avoit beaucoup de relasche-ment dans la collation des degrés ; que l'on se contentoit de certificats d'escoliers ; que l'on dispensoit quelquefois de l'examen ; que l'on ne gardoit aucun interstice pour les actes publics, quand il se trouvoit quelqu'un qui vouloit les faire ; que tout ce qui se pratiquoit pour l'obtention des degrés estoit que le postulant prenoit celuy des professeurs que bon luy sembloit, et en sa personne répondoit en la classe, à tous les arguments des escoliers qui vouloit disputer ; et que sur le rapport fait par ledit docteur qu'il estoit capable, il estoit reçu par le recteur au degré de bacalauréat ; qu'en-suite il estoit présenté par le mesme professeur ou autre au chancelier, qui lui donnoit des points, sur lesquels ayant esté examiné en la chancellerie par les substituts des doc-teurs régens, il estoit à leurs suffrages reçeu licencié.

« Que celuy des professeurs qui est le plus suivy a jus-ques au nombre de cinquante à soixante escoliers. »

C'est qu'en réalité il y avait de graves raisons pour que les Facultés de Droit civil et canonique fussent délaissées. Ce n'est pas seulement que le goût des études théoriques eût diminué, c'est aussi que l'utilité du Droit romain s'effaçait de plus en plus dans la pratique française.

Bodin, Hotman avaient constaté le fait dans leurs grandes œuvres de réforme sociale.

La rédaction officielle des coutumes, la multiplication des ordonnances émanées d'un pouvoir royal de plus en plus indiscuté et souverain, le commencement de codification de lois spéciales, les recueils d'arrêts établissant la jurisprudence des Parlements, autant en pays de Droit écrit qu'en pays coutumier, l'unification des mœurs correspondant à celle du pouvoir, tout contribuait à la diminution de l'importance pratique de ce qu'on appelait la raison écrite, c'est-à-dire du Droit romain.

M. Rodière, qui a fait de nombreuses et intéressantes recherches de détail, devenues très précises, à l'aide de documents abondants sur le dix-septième siècle, indique non seulement le nombre des professeurs, le traitement, les accidents multiples qui survenaient dans les concours, mais encore la forme des inscriptions et des examens, le nombre des élèves inscrits. Nous ne pouvons donner que quelques-uns de ces détails et nous renvoyons aux communications faites à l'Académie de législation par notre savant maître et ancien collègue, souvent citées ici.

Il constate qu'en 1679-80, dans le premier trimestre, il n'y eut que 212 élèves inscrits; l'année suivante, il y en eut 355, mais le chiffre redescendit à 308 dans l'année scolaire 1682-83. La moyenne des élèves se fixa ensuite entre 300 et 400 et se maintint à peu près la même pendant tout le cours du dix-huitième siècle.

D'autre part, le désordre était grand dans les collèges, autrefois si riches, si florissants et si austères. Les collégiats sont abandonnés presque partout à eux-mêmes; les places y sont données non plus aux étudiants pauvres auxquels elles étaient destinées, elles sont remplies, « savoir : celles des prêtres par des bénéficiers, et les autres par des gens riches et accommodés et par des enfants qui estudient les plus basses classes, que pour la plupart n'estudient en aucune manière... Et, en effet, leurs principaux exercices sont de porter l'espée et de battre le pavé de jour et de nuit : et les dits collèges sont devenus des lieux de débauche où l'on tient les maistres d'armes et de danses; de sorte que c'est assez de dire qu'un homme est collégiat pour persuader qu'il vit dans toute sorte de déréglements [1] ».

II.

ÉDIT DE 1679 CONCERNANT LES PROFESSEURS, LES AGRÉGÉS, ET LE RÉGLEMENT DES ÉTUDES. — CRÉATION DE LA CHAIRE DE DROIT FRANÇAIS. — INTRODUCTION OFFICIELLE DES PROFESSEURS DE LA FACULTÉ DE DROIT DANS L'EXERCICE DES JURIDICTIONS.

Le dernier jour du mois d'avril 1678, les commissaires *arrestent* leurs propositions au Roi, qui rendit un premier édit suivi de plusieurs autres dispositions, dont les unes sont communes à toutes les Universités, d'autres spéciales à la Faculté de Droit de Toulouse. Nous insisterons naturellement sur les principaux détails de cette dernière catégorie [2].

C'est d'abord l'édit d'avril 1679, rendu sur les rapports des

1. Voir, au surplus, un article de M. Nicollet : « Les collèges dépendant de l'Université de Toulouse, d'après l'enquête de 1667. » *Revue internationale de l'enseignement supérieur*, 1893, pp. 413-418.

2. Les recherches à cet égard ont été singulièrement facilitées par des recueils de documents spéciaux qui se trouvent à la bibliothèque de la ville de Toulouse.

C'est notamment un petit volume publié à Toulouse en 1722. Il porte pour titre : « Recueil des édits et déclarations du Roi, arrest de son Conseil et de sa Cour du Parlement de Toulouse, concernant l'Université de ladite ville et celle de Montpellier et Cahors, avec quelques règlements et délibérations de l'Université de Toulouse », in-12, 336 pages. C'est ensuite une collection de pièces reliées ensemble et gardées à la même bibliothèque sous le titre « Université de Toulouse ».

commissaires désignés pour les diverses Universités et dont l'archevêque de Toulouse et le seigneur de Bezons faisaient partie pour notre région.·

L'article premier porte que « dorénavant les leçons publiques de Droit romain seront rétablies dans l'Université de Paris ».

Les articles 2, 3 et 4 indiquent aux professeurs leurs devoirs professionnels.

L'article 5 leur réserve rigoureusement l'enseignement du Droit. On se montrera bientôt plus circonspect encore pour l'enseignement du Droit français. Cet article 5 mérite d'être transcrit.

Art. 5. — « Défendons à toutes personnes, autres que lesdits Professeurs, d'enseigner et faire leçon publiquement dudit Droit canonique et civil, à peine de 3,000 livres d'amende, applicable moitié aux professeurs et l'autre moitié à notre profit, d'être déchus de tous les degrez qu'ils pourraient avoir obtenus et d'être déclarez incapables d'en obtenir aucuns à l'avenir : ce que nous voulons avoir aussi lieu contre ceux qui prendront les leçons desdits particuliers. »

Les articles 6, 7, 8 fixent la durée des études à trois ans pour la licence en Droit; règlent les examens et les thèses; la durée des épreuves : deux heures pour être reçus bachelier, trois heures pour la licence et quatre heures pour le doctorat.

Après avoir de nouveau indiqué les devoirs des professeurs, l'ordonnance, dans son article 13, leur accorde des faveurs marquées et rapproche, dans une disposition absolument opportune et sagement réglée, la doctrine des professeurs et la pratique des tribunaux, pour le plus grand avantage assurément de l'un et de l'autre :

Art. 13. — « Pour exciter d'autant plus lesdits professeurs à faire leur devoir, voulons et ordonnons que ceux desdits professeurs qui auront enseigné pendant vingt années soient reçus dans toutes les charges de judicature sans examen, et

que l'ancien de chacune desdites Facultez, après avoir enseigné vingt ans entiers, ait entrée et voix délibérative dans
l'un des sièges, bailliages ou présidiaux, en vertu des lettres
que nous lui ferons expédier. »

Nous avons toujours eu le sentiment profond de l'utilité
qu'il y aurait, de nos jours, à ce rapprochement. Nous y
reviendrons plus loin.

La pratique représentée par les juges, mais éclairée par
l'action purement consultative, si on veut, de ceux qui représentent officiellement la doctrine, voilà, pour nous, un *desi-
deratum* très important, parce que de leur côté les professeurs ne sont à même d'expliquer sûrement leurs théories
que soutenues par l'expérience et le contrôle nécessaires de
la réalité des faits. Le Droit est une science, mais essentiel-
lement pratique. On ne l'explique que pour le mettre en
action ou le critiquer en vue de rendre ses effets, sur les
personnes et les biens, utiles et justes.

L'article 14 arrive enfin à cette innovation de la création
de la chaire de Droit français, imposée par les changements
politiques :

Art. 14. — « Et afin de ne rien obmettre de ce qui peut servir à la parfaite instruction de ceux qui entreront dans les
charges de judicature, nous voulons que le Droit françois
contenu dans nos ordonnances et dans les coûtumes soit
publiquement enseigné. Et à cet effet nous nommerons des
professeurs, qui expliqueront les principes de la jurisprudence française, et qui en feront des leçons publiques,
après que nous aurons donné les ordres nécessaires pour le
rétablissement des Facultez du Droit canonique et civil. »

On le voit, c'est le Roi qui veut désigner ceux à qui il va
confier le soin d'expliquer le Droit de la France et spécialement les grandes règles de ses ordonnances. C'est le cas de
rappeler nos observations au sujet de Justinien et des rois
Wisigoths, sur les grands législateurs jaloux de l'application
de leurs œuvres.

Les articles suivants établissent le régime des quatre inscriptions, le contrôle des études par les autorités judiciaires, pour l'exercice des fonctions judiciaires ou du barreau.

Le 26 janvier 1680, une déclaration du Roi, pour *amplifier* l'édit précédent, exige le titre de licencié en droit pour toutes les charges de judicature qu'il énumère en grand nombre, et, en sus, un stage dans le « service d'avocat ». C'est la solidarité établie officiellement et très utilement à ce point de vue entre l'école et le palais.

Un arrêt du Conseil privé du Roi, du 9 août 1680, avait reconnu aux professeurs agrégés et bedeaux de l'Université le privilège de plaider en première instance à la sénéchaussée.

III.

RAPPORT DE L'INTENDANT D'AGUESSEAU. — ARRÊT DU CONSEIL D'ÉTAT ET DU ROI DE 1681, SPÉCIAL A LA FACULTÉ DE DROIT DE TOULOUSE. — RÉTABLISSEMENT DU CONCOURS. — LE PROFESSEUR DE DROIT FRANÇAIS EST TOUJOURS NOMMÉ PAR LE ROI, SUR LA PRÉSENTATION DU PROCUREUR GÉNÉRAL, APRÈS UN STAGE DANS LA MAGISTRATURE OU LE BARREAU.

Le Roi jugea utile, avant d'appliquer ces dispositions générales, de faire inspecter de nouveau les Universités par des hommes éminents, afin de prendre au besoin, à l'égard de chacune d'elles, les mesures particulièrement propres à assurer leur bon fonctionnement.

Pour l'Université de Toulouse et pour celle de Montpellier, ce fut l'intendant d'Aguesseau, père de l'illustre chancelier, qui fut chargé de cette mission. Il fit un rapport dont on a conservé le texte et à la suite duquel fut rendu un « arrest du Conseil d'Etat du roi », le 16 juillet 1681, portant règlement pour la Faculté de Droit civil et canonique de l'Université de Toulouse.

Après qu'on eut réuni et consulté les professeurs de notre Faculté, l'arrêt ordonne :

Art. 1er — « Que quand il y aura dans la Faculté de Droit
« civil et canonique de l'Université de Toulouse une chaire
« vacante, elle sera mise au concours et à la dispute, à
« laquelle aucun prétendant ne pourra être admis qu'il ne
« soit docteur en droit et qu'il n'ait au moins l'âge de
« trente ans accomplis... conformément à l'ordonnance de
« Blois. L'article entre dans les détails des procédés de
« vote. »

Les déclarations du Roi du 7 janvier 1703 et 20 septembre
1707 vinrent, après coup, apporter quelques modifications
sur ce point.

L'article 2 autorise la postulation, c'est-à-dire la nomination sans concours, si tous les suffrages sont unanimes et
favorables au postulant.

L'article 5 ordonne qu'il y aura douze docteurs agrégés,
lesquels auront voix délibérative et gérance entre eux, dans
toutes les assemblées de la Faculté, après toutefois les professeurs...

L'article 6 ajoute : « Néanmoins, les voix desdits agrégés
ne pourront prévaloir par le nombre à celles des professeurs. »

L'article 7 désigne les douze agrégés nommés par le Roi.
Ils furent réduits à huit, sur leur propre demande, par arrêt
du Conseil d'Etat du 10 avril 1690.

Art. 8. — En cas de vacance, il en sera nommé un autre,
par bulletins et voix secrètes, par ladite Faculté de Droit.

Mais le recrutement par concours leur fut étendu ensuite
par déclaration du Roi du 7 janvier 1703.

Les articles 9, 10, 11, 12 fixent les nombre et heures des
cours.

L'article 13 indique les sujets à traiter pour chaque année.

L'article 15 charge les agrégés des suppléances.

Les articles suivants concernent les écoliers et les formes
requises pour les examens, thèses de baccalauréat, de licence
et de doctorat, et la date des vacances.

L'article 28 porte que les professeurs en Droit civil et canon et tous les docteurs agrégés seront obligés d'assister aux actes de baccalauréat, de licence et de doctorat.

Les articles 32 et suivants concernent les Collèges.

L'article 38 détermine la situation de professeur de Droit français.

Il porte :

Art. 38. — « Et voulant, Sa Majesté, en exécution de l'article quatorze de l'édit du mois d'avril 1679, régler tout ce qui concerne l'établissement et fonction du professeur en Droit français, a ordonné et ordonne que ledit professeur de Droit français de la Faculté de Droit civil et canonique de l'Université de Toulouse, nommé par Sa Majesté, aura, dans les assemblées de la Faculté, rang et séance entre le doyen et le second professeur de ladite Faculté, sans qu'il puisse être doyen ni participer aux émoluments desdits professeurs; jouira des mêmes honneurs, prérogatives, privilèges, habillemens et autres avantages; assistera à toutes les assemblées de ladite Faculté, et y aura voix délibérative. »

Cette disposition fut réglée, sur quelques détails contestés, par le Parlement : arrêt du 20 juillet 1701.

L'article 40 trace les sujets à traiter : les ordonnances, l'usage des fiefs et autres généralités du Droit français, qui ont lieu dans les pays de droit écrit, avec les principaux arrêts.

L'article 43 règle le droit aux fonctions judiciaires. C'est un des points les plus intéressants à nos yeux.

Art. 43. — « Le professeur en Droit français, après vingt années de fonction en qualité de professeur, aura séance honoraire dans le siège présidial et sénéchaussée de la ville de Toulouse, après le doyen des conseillers, et voix délibérative en toutes les affaires; et à cet effet lui en seront lors lettres patentes expédiées, se réservant Sa Majesté d'abréger le tems de vingt années en faveur de ceux qui l'auront mérité par leur application et leur capacité dans ladite fonction de professeur en Droit français. »

Le professeur est nommé par le Roi, sur la proposition du Procureur général du Parlement, qui pourra présenter trois noms.

L'article 45 établit des conditions particulières exigeant une longue pratique chez le professeur de Droit français.

Art. 45. — « Aucun ne pourra être élu pour professeur en Droit français, qu'il ne soit avocat et n'en ait fait fonction, au moins pendant dix ans, avec réputation, ou qu'il n'ait pendant le même tems exercé avec honneur une charge de judicature. »

Puis vient le règlement du tarif des droits d'examens dans les plus petits détails.

Une déclaration du Roi, du 6 août 1682, contient quelques dispositions additionnelles.

Et la Faculté de Droit de Toulouse établit sur ces bases son règlement; elle y fixe, ainsi que dans une addition supplémentaire, des dispositions dans les détails minutieux desquels nous ne pouvons entrer. Le Roi et le Parlement donnent leur approbation.

En avril 1684, nouvel édit du Roi concernant la décence des habits des officiers de justice et des écoliers qui étudient en Droit. Il exige pour ces derniers « des habits modestes et convenables à leur condition et leur défend de porter des épées dans la ville où les Facultés de Droit sont établies, à peine pour la première contravention d'être obligés d'étudier une quatrième année ».

Cette prohibition fut appliquée par arrêt du Parlement de Toulouse, du 21 mars 1721.

Le 10 avril 1684, un arrêt du Conseil d'Etat du Roi, venant terminer un différend survenu entre les professeurs et les agrégés, décide que ces derniers « ne pourront assister aux assemblées qui seront tenues pour l'élection des officiers et suppôts de l'Université, ni autres assemblées de la dite Université que celles qui concerneront la discipline et le règlement des études et des mœurs ».

Le 17 novembre 1690, déclaration du Roi qui réduit à deux

ans le temps d'étude et même, à partir de vingt-cinq ans, à
six mois, pourvu que les examens et thèses aient été régulièrement subis.

Mais la durée de trois ans fut rétablie par déclaration du
Roi du 20 janvier 1700. La durée des études du doctorat était
de quatre ans. Les ajournements aux examens sont de trois
mois.

En 1691, c'est entre les professeurs de Droit et ceux des
Facultés de Théologie, de Médecine et des Arts que sur-
viennent des difficultés réglées par arrêt du Conseil du Roi,
en date du 21 mai, sur la distribution des gages entre les
docteurs régents. L'arrêt donne raison à ceux de la Faculté
de Droit et renouvelle la disposition ancienne qui veut que
la charge de Recteur demeure attachée à la seule Faculté de
Droit.

Le 6 février 1696, les capitouls rendent une ordonnance
pour déclarer déchargés de l'*Industrie* les agrégés. C'était
une sorte d'impôt des patentes.

Le 29 juillet 1712, une déclaration du Roi défendit d'admettre ensemble dans les Facultés de Droit, aux places de professeurs et agrégés, des parents ou alliés aux degrés les plus
proches. Certains abus avaient nécessité cette mesure.

On peut voir, soit dans le texte des documents dont nous
venons de donner des extraits, soit dans les indications
fournies par MM. Bénech et Rodière, d'autres détails sur
les traitements alloués aux professeurs et sur la discipline
intérieure des études et des examens.

Les professeurs, à cette époque, dictaient des cahiers; la
durée des leçons était d'une heure et demie; une demi-heure
pour la dictée, une demi-heure pour l'explication, une demi-
heure pour l'interrogatoire.

Ces procédés pouvaient être excellents pour assurer le
succès d'études élémentaires, mais l'élément philosophique
ou vraiment scientifique ne pouvait s'élever ni se développer avec de pareilles exigences. C'était l'abaissement du
Droit érigé en système.

Aussi, le mouvement de vie intense de jadis avait disparu de plus en plus, et le fait n'était pas particulier à notre Université.

Lorsque l'Université de Cahors, qui avait eu la gloire du premier enseignement officiel de Cujas, fut supprimée, en 1751, elle était réduite à si peu, que la population scolaire de notre Faculté de Droit ne se ressentit pas de cette suppression ; il y eut même, en fait, une légère diminution.

En novembre 1750, le chiffre des inscriptions était de 380 ; il était descendu à 343, alors qu'on aurait cru devoir compter sur une augmentation.

IV.

DIFFICULTÉS A L'OCCASION DES CONCOURS. — LE ROI NOMME APRÈS DIX SCRUTINS DE VOTE INUTILES. — ABAISSEMENT DU CARACTÈRE DE L'ENSEIGNEMENT POUR LE DROIT ROMAIN.

L'esprit des quelques étudiants qui restent ne paraît pas, d'ailleurs, s'être complètement calmé, malgré leur petit nombre, car la Faculté avait cru devoir prendre, le 8 février 1779, encore une délibération par laquelle il fut défendu aux clercs de se présenter dans les écoles, même d'en approcher, soit avec des épées, soit avec des cannes ou des bâtons, ou bien en bottes. Nous n'en sommes plus aux épées à deux mains ou aux cuirasses de jadis. C'est un progrès.

Les rapports entre les membres de la Faculté n'étaient pas non plus toujours faciles, si l'on en juge par certains incidents d'un caractère fâcheux. L'agrégé Murent, par exemple, ne se contente pas de faire scandale pendant l'examen d'un élève qui ne lui avait pas payé ses leçons ; il intente bientôt après un procès, avec mémoires injurieux à l'appui, contre les professeurs qui ne lui payaient pas, disait-il, exactement ses honoraires.

La querelle s'envenima, l'Université tout entière s'y joi-

gnit, on contesta au recteur le droit de convoquer seul les
réunions générales de l'Université et de dissoudre les réunions convoquées sans son initiative. Le recteur anathéma-
tisa les opposants comme schismatiques. On fut plus loin et
l'on voulut enlever à la Faculté de Droit le privilège considérable de fournir seule les recteurs trimestriels. Ce furent
la Faculté de Droit et les anciens usages qui eurent le dessus
et tout rentra dans l'ordre.

Les mêmes résistances, les mêmes sentiments peu conci-
liants et tenaces se manifestaient aussi assez fréquemment,
surtout dans les votes, à la suite des concours.

Les registres des délibérations de la Faculté qui nous ont
été conservés depuis 1698 en portent de nombreuses et dé-
plorables traces. Ce sont des querelles d'intérieur trop fré-
quentes qui ne sont guère dignes de figurer dans les annales
de la Faculté. En vérité, c'est l'amoindrissement sous toutes
les formes.

En 1714, un docteur se fait nommer agrégé sans concours
par le Parlement, lequel, toujours prêt à étendre son autorité, se permet cette illégalité. M. Dèzes, l'élu, dut renoncer
de lui-même à se prévaloir de l'arrêt. La Faculté lui en sut
gré et lui conféra légalement le titre. Le même M. Dèzes,
devenu recteur de trimestre, offensé par un agrégé, exigea
que ledit agrégé adressât au recteur du trimestre des excu-
ses, en présence du premier président et des avocats généraux, ce qui fut fait avec l'appui de la Faculté, qui, elle
aussi, se trouvait offensée du même coup.

Mais ce qui est plus singulier assurément, à ce même
point de vue des désaccords fâcheux, ce sont les votes des
concours ou des nominations d'agrégés.

En 1699, pour la nomination de l'agrégé, on *bulletina* neuf
fois.

En 1709, il y avait trois places d'agrégés à pourvoir : pour
la première, on *bulletina* quatre fois ; pour la seconde, on
bulletina d'abord quinze fois de suite ; deux professeurs se
déclarèrent malades de fatigue et se retirèrent ; après leur

départ, on recommença encore huit fois. Pour la troisième place, le doyen fut obligé d'user de la prépondérance accordée à sa voix.

Après le concours pour la place de M. de Carrière, il y eut vingt-six scrutins sans résultat. Un professeur fatigué, comme autrefois, se retira ; on vota quarante-trois fois encore en vain, en tout soixante-neuf scrutins infructueux, et l'on fit nommer, en désespoir de cause, le candidat Macarty, par arrêt du Conseil d'Etat.

Ainsi s'explique et se justifie la déclaration du Roi, en date du 10 juin, en vertu de laquelle la nomination serait réservée au Roi quand dix scrutins se succéderaient sans amener de nomination.

C'est ce qui eut lieu en 1747 pour la place devenue vacante par la mort de l'agrégé Caussines ; après le dixième vote sans résultat, la nomination du successeur fut faite par le Roi.

Nous pouvons constater d'ailleurs que les faits de cette nature devaient se produire dans d'autres Universités. Et, en effet, à la suite d'une vacance de chaire à la Faculté de Droit de Montpellier, en 1781, les dix scrutins ayant eu lieu inutilement, le Roi préféra déléguer à Toulouse la nomination qu'il pouvait faire de son chef, et c'est notre Faculté qui eut l'honneur de désigner l'un des derniers professeurs nommés à la Faculté de Droit de Montpellier avant la Révolution.

On le voit, le conflit ou plutôt le désordre à l'intérieur de l'Université n'a guère d'égal que ce qui se produit à l'extérieur, dans le gouvernement de la ville, pour les actes d'autorité et les attributions de juridiction.

Il est opportun d'observer que ces difficultés et ces passions, qui auraient pu s'agiter sur des questions moins personnelles et d'un ordre plus élevé, n'enlevaient rien cependant, en fait, à la considération dont jouissaient hautement les membres de la Faculté.

Ils la devaient à la tradition séculaire, inébranlable à cet

égard, et aussi à leur propre honorabilité que ces mesqui-
neries n'atteignaient pas, aux yeux du public.

Cependant, vers la fin du dix-huitième siècle, le personnel de la Faculté ne présente guère plus qu'une suite de
juristes modestes, de professionnels attachés conscicieuse-
ment aux devoirs de l'enseignement quotidien, instruits,
savants même, mais sans éclat de parole ni de pensée, et,
de plus, sans la notoriété que donnait encore, à cette époque,
la publication des moindres écrits.

Nous avons vu le Droit canonique abandonné, sans auditeurs et sans aspirants aux épreuves ou aux grades de la
Faculté.

Faut-il s'en étonner, alors que les Rois et le Parlement
entendaient exercer sur cet enseignement une autorité
devenue très effective, en fait, et, nous le redirons encore,
incompatible avec l'indépendance essentielle à tout ce qui
touche au domaine de la conscience, comme doit être l'interprétation de la loi ?

L'enseignement du Droit romain déclinait dans les chaires
de Droit civil. La science n'y prétendait plus à cette initiative généreuse qui jadis avait fait son honneur, elle conti-
nuait à vivre sur la gloire du passé, dans des recherches
d'ordre plus modeste.

V.

ÉTUDE SPÉCIALE SUR L'ENSEIGNEMENT DU DROIT FRANÇAIS. —
  SON SUCCÈS, SON UTILITÉ. — DÉTAILS SUR LES SUJETS A
  TRAITER ET SUR LES PROFESSEURS QUI ONT OCCUPÉ LA
  CHAIRE NOUVELLE. — ÉLOGES ET ENSEIGNEMENTS DU CHAN-
  CELIER D'AGUESSEAU. — LA RÉVOLUTION DISPERSE LES UNI-
  VERSITÉS.

L'enseignement nouveau du Droit français put faire bientôt
sentir, par son effective et le succès de ses maîtres, la nécessité qu'il y avait eue de le créer sans retard.

Dans une publication très consciencieusement faite et écrite avec autorité, M. Bénech a présenté l'histoire de cette chaire et la biographie des professeurs qui s'y sont succédé jusqu'à la Révolution[1].

Quant au recrutement de ce poste d'honneur, on a pu remarquer, dans les textes transcrits plus haut, les précautions prises pour n'avoir pas à subir, dans le choix, les chances du concours.

M. Bénech fait remarquer combien délicates, par la nature des circonstances, étaient les matières à traiter.

Nous disions que Louis XIV devait redouter, comme d'autres l'avaient fait avant lui, qu'on touchât à son œuvre propre, à ses grandes ordonnances. Il devait avoir aussi de graves préoccupations toutes spéciales à son époque.

Le professeur de Droit français devait toucher, en parlant des fiefs, aux droits des seigneurs; en parlant des pragmatiques, des concordats, aux droits de l'Eglise de Rome et aux règles de l'Eglise gallicane; il devait parler du Droit public, de la Police et des Parlements; tout autant de matières sur lesquelles l'autorité royale avait posé sa main de plus en plus puissante, mais où les résistances n'étaient pas complètement désarmées encore.

On ne se bornait pas, en conséquence, à laisser au choix arbitraire du Roi la nomination du professeur de Droit français; on exigeait encore des garanties particulières de modération, d'habitudes pratiques et de connaissance du Droit. L'article 45 de l'arrêt du Conseil du 16 juillet 1681 portait : « Aucun ne pourra être élu pour professeur du Droit français qu'il ne soit avocat et n'en ait fait fonction au moins pendant dix ans avec réputation, ou qu'il n'ait pendant le même temps exercé avec honneur une charge de judicature. »

Le procureur général devait présenter les candidats au nombre de trois.

---

1. *Mélanges de Droit et d'Histoire*, par M. Bénech, publiés sous les auspices de l'Académie de Législation. Paris, Cotillon, libraire, 1857, pp. 181 et suiv.; in-8°, 100 pages.

Les cours ordinaires étaient faits en langue latine, et nous pouvons ajouter que, pour les cours de Droit romain, cet usage s'est conservé jusqu'en 1830 et même au delà, à Toulouse.

L'enseignement nouveau devait, au contraire, être fait en langue française.

Le professeur de Droit français, qui ne pouvait pas être doyen, pouvait cependant être recteur à son tour.

C'est même pendant le rectorat de d'Astruc, l'un des professeurs de Droit français, que le roi cassa, en 1737, la nomination, à suite du concours d'un régent. L'édit fut enregistré sans observation par le Parlement. « On était bien loin, observe M. Bénech, de cette époque où cette Cour souveraine cassait au contraire des lettres patentes du roi Henri II, qui avait promu un régent au mépris de l'institution du concours. » L'autorité royale avait affermi sa puissance autour d'elle. Les Parlements eux-mêmes devaient s'incliner.

Nous n'entrerons pas, avec M. Bénech, dans les détails de la vie de chacun de ces dix docteurs régents, mais nous lui emprunterons un résumé qui présente de l'intérêt, si l'on veut connaître la physionomie du personnel des professeurs de Droit français, dans les dernières années de l'ancien régime, à notre Faculté.

« L'un d'eux a obtenu la chaire royale à titre de rémunération de ses services universitaires, c'est de Duval, qui était agrégé depuis quinze ans au moment de sa nomination. Tous les autres ont dû leur promotion à leurs succès en qualité d'avocats plaidants ou d'avocats consultants et instruisants; aucun d'eux ne la dut à des services judiciaires antérieurs, qui conféraient, comme nous l'avons dit, le droit d'éligibilité. »

On a vu l'inégalité qui existe dans la durée de l'exercice de quelques-uns d'entre eux. A de Bastard, qui avait enseigné le Droit français pendant vingt sept ans, succéda de Carrière qui l'enseigna pendant moins d'un an; le terme moyen de leur professorat fut de quinze ans.

Ils avaient tous fait leurs études de Droit à Toulouse ou à Cahors.

Ils appartenaient tous à l'ordre de la noblesse, les uns par leur naissance, les autres par l'exercice des fonctions du capitoulat.

Le seul qui ne pouvait se placer dans aucune de ces catégories, Rouzet, fut créé noble et comte de Folmont par Louis XVIII, pour des motifs, d'ailleurs, absolument étrangers à l'enseignement et après une carrière des plus étranges dans la politique révolutionnaire.

Sur les dix, les trois premiers ont été nommés par Louis XIV, les cinq qui suivent par Louis XV, les trois derniers par Louis XVI. Antoine de Martres fut proposé à l'agrément du Roi par le chancelier d'Aguesseau.

Cet enseignement du Droit français avait été utile aux contemporains; il devait servir aussi pour les œuvres de l'avenir. « Il prépara et réunit peu à peu, à petit bruit, à petites journées, les matériaux qui ont servi à la condition dont nous goûtons les avantages. »

Trois de ces professeurs ont laissé des écrits estimés, mais qui n'ont guère fait sortir, pour nous, leur nom de l'obscurité.

Jean de Duval avait publié quelques travaux élémentaires sur les matières du cours.

François de Boutaric est plus connu; il a laissé neuf ouvrages, dont le dernier, publié en 1747, traitait des libertés de l'Église gallicane. Il s'y montra très ferme partisan de ces libertés. Il jouissait, dans le pays tout entier, d'une grande réputation. Il est désigné dans plusieurs ouvrages du temps comme le célèbre professeur de la Faculté de Toulouse[1].

Anne-Louis d'Astruc a laissé quatre traités sur des matières spéciales de Droit civil français.

Pour donner une preuve nouvelle, sans doute, de la consi-

---

1. Voir l'indication de ses œuvres dans le travail de M. Bénech et à la biographie toulousaine, vᵉ Boutaric.

dération dont jouissaient les professeurs de notre École à
cette époque et pour y ajouter un pieux souvenir, M. Bénech
rapporte que « quatre, sur les dix professeurs de Droit français, reposent sous les dalles de nos églises actuelles ou de
nos anciennes églises dont la destination a changé. Lavigue-
rie est enseveli dans la nef de Saint-Étienne; Boutaric dans
le chœur de la Dalbade; Duval dans la ci-devant église des
Augustins; Delort le père dans la ci-devant église des Jacobins. Avant eux, d'Hautesserre avait reçu les honneurs d'un
tombeau dans la petite église de Nazareth.

Mais aucun d'eux n'avait atteint ni la valeur, ni la haute
situation de d'Hautesserre, encore moins celle des grands
légistes de la Renaissance.

Des documents certains constatent cependant que la Faculté de Droit de Toulouse restait encore aux premiers rangs.

Le comte de Boulainvilliers disait, dans son Mémoire sur
les états de Languedoc, dressé par ordre du duc de Bourgogne en 1698 : « Il y a deux Universités célèbres en Languedoc, celle de Toulouse et celle de Montpellier... François Ier
gratifia les professeurs du titre de chevalier... Cet honneur
qu'il fit aux sciences excita tout le monde aux lettres, en
sorte que les personnes les plus distinguées par leur naissance se firent honneur *longtemps après* d'avoir été professeurs à Toulouse[1]. »

En 1715, le chancelier d'Aguesseau autorisait un des
agrégés de notre Faculté, le sieur Pontier, à répondre à la
demande qui lui était faite par le roi de Sardaigne d'aller
professer à la Faculté de Turin. « C'est, ajoute M. Bénech,
en rapportant la lettre de l'illustre chancelier, la preuve
éclatante de la réputation dont notre Faculté de Droit jouissait au dehors[2]. »

Dans le préambule de la déclaration du Roi, de 1742, relativement au concours, d'Aguesseau avait d'ailleurs exprimé

1. *L'Etat de la France*, par le comte de Boulainvilliers, t. II, p. 521.
Londres, 1727, chez E. Woodd et S. Palmer.
2. Bénech, *op. cit.*, p. 215.

de nouveau ses sentiments à ce sujet : « Si nous ajoutons
quelques dispositions par rapport à la discipline de la Faculté
de Droit établie à Toulouse, notre unique objet a été de faire
en sorte qu'une Faculté distinguée depuis si longtemps par
la science des lois, et surtout par la science des lois romaines,
soutienne toujours et augmente encore, s'il est possible, la
réputation que lui ont acquise tant de savants jurisconsultes
et de grands magistrats qui en sont sortis et qui l'ont rendue également célèbre au dehors comme au dedans. »

L'histoire de la Faculté de Toulouse devait mentionner
cette déclaration explicite de l'un des plus grands hommes
de l'ancienne magistrature française.

Il écrivait, en 1742, en désignant M. de Bastard, d'une
ancienne et noble famille, « ancien et célèbre avocat à Toulouse », pour occuper la chaire de Droit français : « Je suis
fort aise de vous voir recteur aussitôt que professeur, et je
suis persuadé qu'il n'y a pas de fonction, quoique nouvelle
pour vous, que vous ne remplissiez dignement[1]. » On voit
par là de quelle considération était entourée la fonction elle-
même.

Le successeur de M. de Bastard, Jean de Carrière, le disait dans un solennel discours d'installation que M. Bénech
nous a conservé et qui est curieux, surtout par la forme pompeuse, caractéristique des mœurs publiques de l'époque[2].

Enfin en 1781, c'est la Faculté tout entière qui recevait un
témoignage public de l'honneur dont elle était entourée ; elle
fut désignée, nous l'avons vu, pour nommer, par un concours auquel seule elle siégerait, sans les autres membres
de l'Université ni des délégués du Parlement, un professeur
à la Faculté de Montpellier, qui n'avait pas su se départager
pour cette désignation de l'un de ses membres.

La tourmente révolutionnaire devait emporter l'Université de Toulouse, mais pour quelques années seulement.

1. Bénech, eod., p. 217.
2. Eod., p. 252.

PÉRIODE RÉVOLUTIONNAIRE

DISPERSION DE LA FACULTÉ

Lorsque la Révolution s'annonça par des actes, en 1789, la Faculté de Droit de Toulouse était moins que d'autres, certainement, dans cet état d'atonie qui était devenu celui de toutes les Facultés du royaume[1].

Elle se composait de six professeurs et sept agrégés. Le nombre des élèves était singulièrement réduit. Il y avait eu quatre cent vingt inscriptions en 1788[2]. C'était un peu plus qu'avant, mais le mouvement scientifique s'effaçait.

Les traitements des professeurs, constitués d'une part fixe et d'un casuel, n'étaient pas faits pour donner l'attrait et la considération nécessaires à ces fonctions élevées par la mission qu'elles doivent remplir.

Ce que M. Liard dit des Facultés de Droit en général n'était qu'à un certain degré vrai de la nôtre. « On s'y inscrit, car il faut des inscriptions pour les grades et des grades pour le barreau et les offices de judicature ; mais l'enseignement y est sans vie, les études sans force, la discipline sans vigueur, et des abus de tout genre en ont fait des institutions illusoires et même dangereuses[3]. »

1. Voir l'Enseignement supérieur en France, 1789-1893. L. Liard, Paris, Colin, édit., 1894.
2. En 1785, il y avait eu 393 actes, 150 bacheliers, 231 licenciés, 10 docteurs.
3. Liard, op. cit., t. I, p. 67.

La facilité des épreuves avait rabaissé les examens de façon à déconsidérer ceux qui les faisaient subir, d'un air de gravité tout à fait en disproportion avec l'importance de l'acte lui-même.

La légende a transmis certains détails indiquant la faiblesse des épreuves, qui persista d'ailleurs quelque temps, sous des formes diverses, après la Révolution, dans la Faculté reconstituée.

On reproche bien encore aux Facultés, de province surtout, leur indulgence aux examens. Le niveau s'élève sans doute, mais certainement il est encore trop bas.

A l'approche des États généraux, l'Université de Paris avait demandé à avoir des députés; celle de Toulouse avait écrit aux autres Universités du royaume pour les engager à en faire autant[1].

Mais la tourmente emporta bientôt les Facultés de Droit avec tout le reste et le silence se fit à l'école.

Les Universités n'étaient pas de force à résister longtemps dans cette atmosphère embrasée; certains professeurs restèrent quelque temps en fonction.

Ce sont notamment deux professeurs de Droit, M. de Rigaud et M. Rouzet, qui occupent, en 1791, les postes élevés dans la municipalité toulousaine, en conservant leur titre.

M. de Rigaud est à la fois recteur de l'Université et maire de la ville; M. Rouzet est membre du Conseil général électif, officier municipal et un des administrateurs du département. Il fut député à la Convention.

Enfin, c'est M. Malpel, professeur à la Faculté comme les précédents, qui fut nommé procureur général syndic du département de la Haute-Garonne.

Nous rapportons ici les quelques documents conservés aux archives départementales concernant les dernières péripéties de la Faculté.

Le 6 mai 1791, MM. Rigaud et Rouzet prêtent serment

---

1. *Liard*, t. I, p. 88.

comme professeurs, entre les mains l'un de l'autre, en tant qu'officiers municipaux. Ce sont ensuite MM. Loubers et Bec, agrégés, qui font de même. MM. Labroquère et Maynard avaient fait leur soumission, dit l'acte, ils ne l'ont pas effectuée[1].

Le 12 novembre, le même M. Rigaud, cette fois en qualité de recteur, prend des mesures pour organiser la Faculté. Il déclare que quatre professeurs suffisent.

Mais il rencontre, même dans cette mesure réduite, des difficultés pour organiser son personnel. MM. Loubers et Bec, agrégés, nommés professeurs par le procureur général syndic Malpel, refusent leurs nouvelles fonctions et déclarent qu'ils veulent rester agrégés[2].

Tout cela ne devait durer qu'un jour.

Le 22 nivôse an II, le représentant du peuple Paganel, député par la Convention nationale près les départements du Lot, Lot-et-Garonne, Haute-Garonne et autres circonvoisins, en séance à Toulouse, arrête :

---

1. Archives de la Haute-Garonne, liasse L 358.

Extrait du registre ouvert par la municipalité de Toulouse le 12 janvier 1791 :

« Se sont présentés, le 6 mai 1791, M. Jean-Laurent Rigaud, professeur en Droit et maire, a prêté, par-devant M. Rouzet, officier municipal, le serment prescrit par les décrets de l'Assemblée nationale des 26 décembre 1790, 22 mars et 17 avril 1791.

« Le 28 du même mois, M. Auguste Loubers, docteur-agrégé, a prêté, en présence de M. Rigaud, maire, le même serment. M. Jacques Bec, docteur-agrégé, idem. M. Jean-François Turle, agrégé, a prêté le même serment par-devant M. Rigaud, maire, le 2 juin dernier.

« Le 4 mars précédent, MM. François-Raymond-Luc Labroquère, professeur, et Joseph-Marie Maynard, agrégé, avaient fait leur soumission, qu'ils n'ont pas effectuée depuis. — Certifié conforme : Michel Dikulafoy, secrétaire-greffier.

2. Liasse L 358, eod. Lettre de M. Rigaud, recteur, 12 novembre 1791 :

« Monsieur,

« Quoique je n'aye pas reçu officiellement l'élection des professeurs de la Faculté de Droit, moins encore la nouvelle de la démission de MM. Bec et Loubers, je me persuade que l'intérêt public et celui de l'Université exigent de moi que je vous observe que quatre professeurs suffisent provisoirement pour remplir le vœu de la loi, un pour les Institutes, un pour le Droit français, un pour le Droit civil, un pour le Droit canon.

« Par cet ordre, les démissions que vous avez reçues (suivant ce qu'il

« L'enseignement national provisoire, dans la cité de Toulouse, sera organisé comme il suit, au ci-devant collège national :

« Cours public d'enseignement de la Déclaration des Droits de l'homme, l'acte constitutionnel et les devoirs du citoyen envers la République. Les citoyens Larroumiguère, professeur, Bellecour fils, professeur[1]. »

Puis viennent, dans le document, les sciences, la médecine, l'art vétérinaire, les arts ; pour le Droit, c'est tout.

L'arrêté, mis en placard pour être affiché, porte les indications suivantes :

« Les cours auront lieu tous les jours de onze heures à midi et de quatre heures à cinq heures. »

Ces deux professeurs devaient recevoir un traitement annuel de 2,000 livres, tandis que les autres ne touchaient que 1,800 ou 1,600 ou même 1,200 livres.

Du 20 vendémiaire de l'an III : « La direction de surveillance des études (Castillon, président d'âge) accorde au sieur Saint-Jean un extrait de la délibération qui le désigna,

m'a été rapporté) ne changeraient rien ni à votre travail, ni à celui qu'il paraît intéressant que la Faculté de Droit ne diffère pas.

                    « Le Recteur de l'Université de Toulouse,
                            « RIGAUD, signé. »
                                    (L'adresse manque.)

Lett. du 12 décembre de M. Loubers, nommé professeur, qui refuse et veut rester agrégé. (A M. Malpel.)

Suit une lettre de M. Malpel, 11 novembre 1791 :

        « A Monsieur Bec, professeur en Droit,

        « MONSIEUR,

« Le Directoire du département de la Haute-Garonne vous ayant nommé à la place de professeur de Droit, en exécution de la loi du 17 avril dernier, vous êtes prié de vous concerter avec le recteur de l'Université pour faire la rentrée et l'ouverture de la classe.

            « Le Procureur général syndic du département
                    de la Haute-Garonne,
                        « MALPEL. »

Au verso du même feuillet, déclaration du même jour de M. Bec qu'il ne veut accepter aucune chaire, pour rester agrégé.

                                            BEC, signé.

1. Arch. de la Haute-Garonne, eod. Liasse I. 358.

l'année dernière, pour la chaire de professeur de l'*histoire
de la philosophie des peuples*[1]. »

Nous n'avons pu découvrir aucun autre document de
l'époque révolutionnaire pouvant se rattacher, de près ou de
loin, à l'enseignement du Droit.

On a souvent dit, et même écrit parfois, que les Universités de l'ancien régime tombèrent en même temps que lui.
Sans doute, mais pas brusquement. Les législateurs de
l'époque révolutionnaire ne firent d'abord disparaître que
les privilèges des vieilles corporations enseignantes et sou-
mirent les Universités et les Écoles au contrôle des autorités départementales.

A Toulouse, les Facultés restèrent ouvertes jusqu'à la fin
de l'année scolaire 1792-1793. Par suite des événements,
leurs cours furent moins suivis, peut-être même parfois dé-
sertés, sauf à la Faculté de Médecine.

La Faculté de Droit partagea le sort commun; presque
tous ses anciens professeurs refusèrent d'ailleurs d'accepter
le nouvel état de choses. Mais, en fait comme en droit, l'Université vécut jusqu'en septembre 1793; à plusieurs reprises,
les Pouvoirs publics s'occupèrent d'elle. C'est ce que s'efforce
de démontrer M. Vié, dans un travail qui doit paraître dans
le premier volume de la nouvelle série du *Recueil de Législation*, sous ce titre : *L'Université de Toulouse pendant la
Révolution*, 1789-1793. (Cf. *Revue des Pyrénées*, 1er trimestre 1905, p. 157.)

1. Arch. de la Haute-Garonne, *eod*.

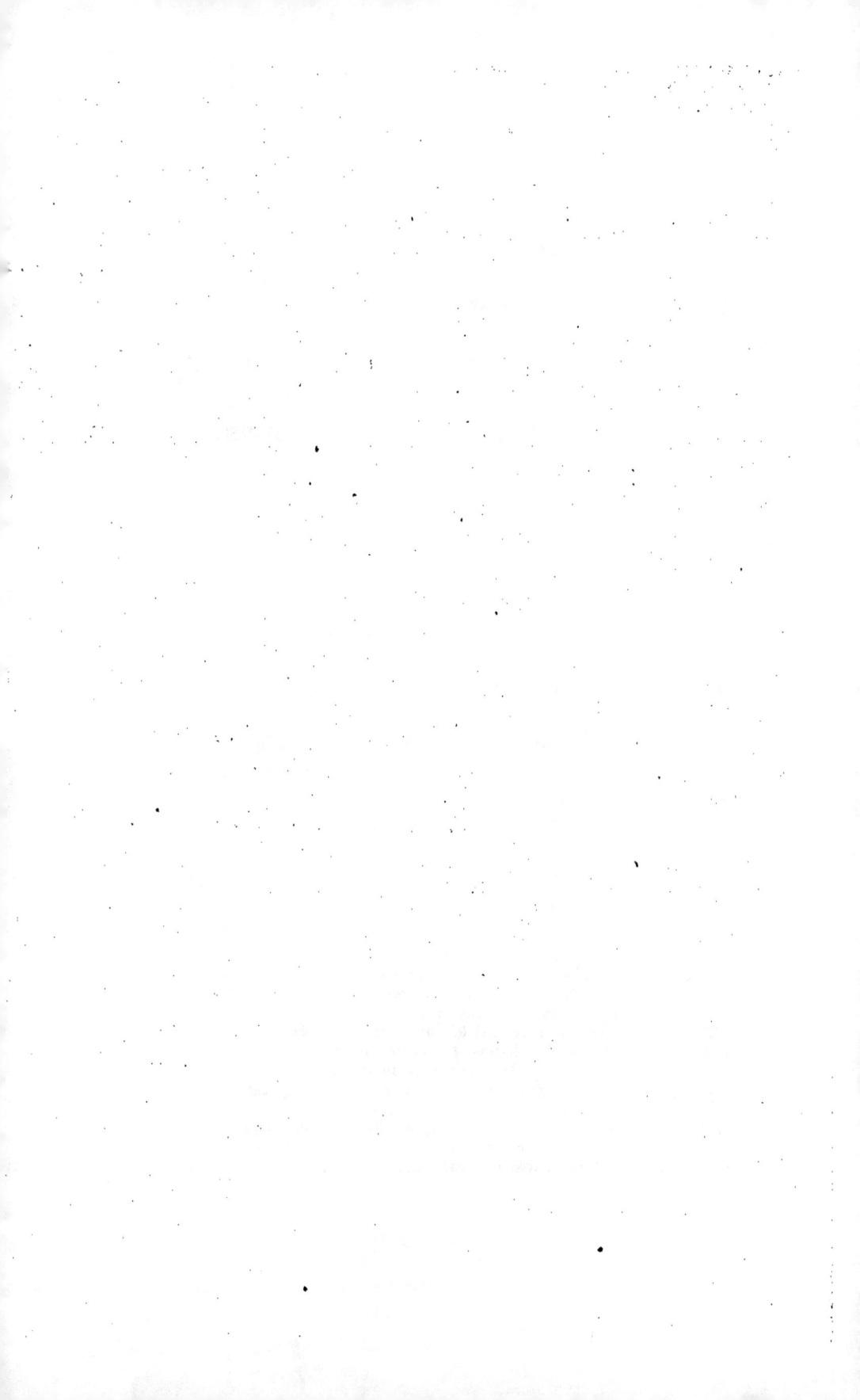

RECONSTITUTION
DE LA FACULTÉ DE DROIT

DE NOVEMBRE 1805 JUSQU'A NOS JOURS, NOVEMBRE 1905

———

Il faut, pour retrouver les Facultés de Droit, arriver à la loi du 22 ventôse an XII (13 mars 1804), dont on peut apercevoir la préparation prolongée dans les documents législatifs et les commentaires qu'a donnés M. Liard[1].

La ville de Toulouse fut désignée comme le siège d'une des écoles instituées. (4e jour complémentaire, an XII, 21 septembre 1804.)

Cinq chaires y furent créées par décret du 1er germinal an XII (22 mars 1805)[2].

C'est dans les conditions suivantes que le personnel nouveau entra en fonctions.

---

1. *Op. cit.*, t. II, pp. 12 et suiv.
2. Quant aux procédés de recrutement du personnel, les lois, décrets et ordonnances de l'an X (1802), de l'an XII (1804), de 1808, 1809, 1815, 1816 établirent et supprimèrent alternativement le concours. L'ordonnance de 1818, les statuts de 1825, 1843, 1847 le réorganisèrent. Le décret du 9 mars 1852 le supprima pour les chaires. Les décrets du 22 août 1854, novembre 1855 et d'assez nombreuses dispositions ultérieures de détail, jusqu'à ces derniers temps, le réglementèrent spécialement pour l'agrégation.

Les concours d'agrégation ont toujours eu lieu à Paris depuis 1852. La magistrature est représentée dans le jury par des conseillers ou des avocats généraux à la Cour de cassation, ou bien des conseillers d'État, l'enseignement par des doyens, avec des professeurs de Paris et de la province.

M. Desazars de Montgaillard, président du tribunal d'appel, et bientôt après premier président de la cour impériale de Toulouse, était nommé doyen d'honneur. Il conserva ce titre jusqu'en 1809.

C'était le souvenir de cette alliance si utile de la magistrature et de l'enseignement théorique du Droit.

M. Ruffat, fils d'un professeur de l'ancienne Faculté, fut nommé professeur de Droit romain, comme l'était son père.

M. de Furgole fut nommé professeur de Code civil, ainsi que MM. Jammes et de Bastoulh. M. Jouvent était professeur de Procédure et de Législation criminelle. On y joignit trois suppléants : MM. Bec, Peyre et Delpuech; aucun d'eux, par une singulière coïncidence, n'est arrivé au titulariat. Le dernier ne s'est jamais présenté à Toulouse, dit le registre de la Faculté.

Depuis, le nombre de chaires a singulièrement augmenté, et des sciences dont on ne connaissait pas, tout au moins, le nom, sont venues s'ajouter au Droit civil, pour compléter l'ensemble des études qui se rattachent le plus étroitement à la législation et aux carrières les plus élevées de la vie sociale.

La Faculté de Droit de Toulouse comprend actuellement quatorze chaires magistrales, savoir :

— Trois chaires de Code civil créées par décret du 1er germinal an XIII (22 mars 1805).

— Deux chaires de Droit romain établies, la première par le même décret du 1er germinal an XIII, sous le titre de chaire d'Institutes et de Pandectes, qu'elle conserva jusqu'au 4 février 1853; la seconde par le décret du 17 septembre 1854.

— Une chaire de Droit commercial instituée par Ordonnance royale du 28 septembre 1822.

Les professeurs et suppléants désignés par le décret de

germinal an XIII (22 mars 1805), entrèrent immédiatement en fonctions, sauf le dernier suppléant, M. Delpuech, qui ne se présenta pas, ainsi que cela ressort des documents officiels mentionnés par les registres de la Faculté[1].

Le 24 thermidor an XIII, à suite d'une lettre de l'inspecteur général Joubert, les membres du Conseil de discipline et d'enseignement de la Faculté élurent M. Desazars, premier président de la Cour d'appel, doyen d'honneur, et M. Tissinier, procureur impérial, membre du bureau d'administration[2].

Les exercices de la Faculté eurent lieu d'abord au « ci-devant collège », le Lycée actuel. Mais il n'y eut pendant les six premiers mois que des examens, passés à la suite d'études antérieurement faites par les candidats ou de titres déjà obtenus et à compléter, conformément aux dispositions des articles 14, 15, 16 et 21 de la loi du 22 ventôse an XII, qui fixait les règles à observer pour obtenir le baccalauréat, la licence ou le doctorat[3].

Le traitement des professeurs fut réglé à partir de la date de leur désignation faite par le décret ci-dessus[4].

C'est le 21 brumaire an XIV (10 nov. 1805) qu'eut lieu l'ouverture solennelle de la Faculté et que commencèrent les cours. Ce jour-là fut prononcé en assemblée publique le discours d'inauguration, et c'est à cette date que nous avons

---

1. On a conservé au secrétariat de la Faculté trois registres datant de cette époque et qui nous ont fourni les renseignements résumés ici. Ce sont : 1° le registre des délibérations de la Faculté; 2° le registre du Conseil de discipline et d'enseignement; 3° un registre de comptabilité qui complète sur certains points les indications données par les deux autres.

2. Registre du Conseil de discipline et d'enseignement, fol. 1.

3. Un arrêté de la Faculté du 21 fructidor an XIII (8 septembre 1805) reconnaît que la recette se compose comme suit :

Art. 18, 109 diplômes	32.700 francs.	
Art. 20, 4 diplômes	1.200	—
Art. 21, 27 diplômes	4.800	—
	38.700 francs.	

(Registre de comptabilité, fol. 1, R.)

4. Même registre, fol. 1, 2 et 8.

cru devoir faire remonter le centenaire de la réorganisation effective de la Faculté, qui reprit, alors seulement, son enseignement sept fois séculaire, interrompu pendant environ douze années.

Mais, il faut bien le dire, la préoccupation de relever les hautes études était, en ce temps, singulièrement dominée, en France, par le bruit des batailles et le triomphe des victoires. Le glorieux créateur du Code qui porta son nom s'inquiétait bien moins de favoriser le développement des théories du Droit que de préparer hâtivement la jeunesse pour ses armées.

A la vérité, les législateurs ne souffrent que très péniblement les commentaires de leurs œuvres. Justinien n'avait-il pas défendu les commentaires de sa législation, et Napoléon n'avait-il pas eu le même désir, quand il disait que les commentateurs allaient lui gâter son Code? Cette parole, qui lui est peut-être faussement attribuée, est indigne de son instinctif génie de législateur, comme furent indignes de lui les péripéties qu'eut à subir, par le fait de son gouvernement, notre institution renaissante.

Quoi qu'il en soit, à peine notre Ecole de droit était-elle installée au ci-devant collège, qu'on lui fit, sans égards et brusquement, interrompre d'heure à heure ses travaux, afin d'ouvrir toutes larges les portes du Lycée impérial à la jeunesse où il fallait former des soldats et leurs chefs.

En effet, le 14 mars 1806, après quatre mois seulement de mise en possession, le préfet fait signifier à l'école, par l'intermédiaire du maire, M. de Bellegarde, qu'elle eût à quitter dès le lendemain ses locaux pour qu'on puisse immédiatement y faire entrer les élèves du Lycée impérial.

L'école, réunie d'urgence, déclara qu'elle ne pouvait vaquer à ses travaux dans l'unique salle où on voulait la confiner.

Le registre des délibérations porte la marque de l'émotion produite sur chacun des membres présents par cette som-

mation inattendue. Une protestation énergique fut rédigée;
mais il fallait partir sans surséance et trouver ailleurs un
refuge suffisant aux nécessités les plus pressantes, pour ne
pas interrompre les examens et les cours[1].

Or, la lettre adressée par le directeur de l'école, M. Jammes, au préfet, parle de trois cents étudiants aux travaux
desquels il fallait pourvoir.

L'un des professeurs offrit généreusement sa propre
maison, qui ne pouvait suffire, même à titre provisoire, et,
après une longue attente de six mois, l'autorité voulut bien
songer à réparer cet inavouable désordre. Une lettre du tribun
Chabot, inspecteur général du Droit, en date du 14 octobre 1806, ordonna que l'Ecole fût établie provisoirement dans
le ci-devant couvent des Grands-Carmes, réparé dans ce but;
ce qui fut fait[2].

Le 27 février 1807, une nouvelle lettre de Chabot informa
l'école que, cette fois, son transfert dans les locaux de l'ancienne Université était décidé, et qu'on avait ordonné l'achat
de la maison Magro pour loger le directeur à côté de l'école,
avec une ou deux chambres pour l'inspecteur général de
passage[3].

Le 2 novembre 1807, notre école était installée dans ses
locaux anciens qui lui étaient enfin rendus et qu'elle occupe
aujourd'hui. Ils sont devenus la propriété de la ville. Ce
jour-là fut prononcé, en séance publique, le discours d'installation.

Mais ce n'était pas encore la Faculté de Droit sous sa
célèbre et antique désignation qui reprenait son existence;
on ne connaissait officiellement que l'Ecole de Droit de Toulouse. *Tantæ molis erat...*

Une lettre du Grand Maître de l'Université de France,
M. de Fontanes, en date du 20 janvier 1809, transcrite au

1. Registre des délibérations, fol. 1 à 10. — Reg. du Conseil de discipline, fol. 2.
2. Reg. des délibér., fol. 18 r°.
3. Reg. des délibér., fol. 24 r°.

registre[1], rappelant les décrets des 17 mars et 17 septembre 1808 qui organisent l'Université impériale à partir du 1er janvier 1809, désigne le doyen et les professeurs de la Faculté.

Par arrêté du 5 avril 1809, M. Jouvent, Professeur de procédure et de Législation criminelle, est nommé doyen de la Faculté pour entrer en fonctions le 1er mai, en remplacement de M. Jammes, ci-devant directeur de l'Ecole, nommé recteur de l'Académie. M. Jammes était l'un des trois professeurs de Droit civil.

Ainsi la Faculté, créée en 1229, était arrivée à reprendre, non sans peine, sa place et son nom.

1. Reg. des délibér., fol. 14.

LE TEMPS PRÉSENT
ET L'AVENIR

———

Tous les grands États sentent profondément aujourd'hui qu'ils doivent développer en eux la vie scientifique, intellectuelle et morale indispensable à leur dignité aussi bien qu'à leur sécurité, c'est-à-dire à leur existence même.

C'est dans ce sentiment qu'on doit élever avec soin les générations qui se succèdent hâtivement dans la vie actuelle des peuples. Et cela est particulièrement vrai pour notre pays qui ne doit la grandeur de son passé ni à ses richesses, ni à l'étendue de son territoire, mais à l'activité incessante de son esprit et à l'ardeur irrésistible de ses sentiments généreux.

« Notre pays est une vieille terre d'héroïsme », proclamait naguère un des hommes politiques actuels, dans une grande réunion d'instituteurs primaires. « Il sue l'histoire, comme dit Henri Martin... tout ce qui nous entoure, le bien-être dont nous jouissons vient de nos ancêtres, messieurs les instituteurs... Ne nous formez pas « des flasques », suivant le mot de Rosevelt... Les races aveulées sont mûres, je le sais et j'en ai connu, pour toutes les servitudes et nous voulons pour notre France toujours plus de liberté et d'indépendance. »

Voilà les fortes vérités qui doivent ressortir, de l'enseignement français, surtout à ses degrés supérieurs.

Et c'est à cela que peuvent servir les grandes Universités provinciales auxquelles on a entendu donner, avec raison, plus de personnalité, de mouvement propre, de cohésion et d'indépendance.

C'est là ce qui faisait la force des grandes Universités du Moyen âge et de la Renaissance, et c'est aussi ce que les hommes pratiques par excellence du Nouveau-Monde font surgir de terre, par de généreuses entreprises personnelles et au prix de millions qu'on semble ne pas compter.

Ces nouveaux venus ont pour eux, il est vrai, leurs immenses ressources pécuniaires, mais nous gardons ce qu'on ne peut nous prendre, ces richesses intellectuelles accumulées dans les esprits et dans les choses, que nous devons à un passé d'études dix fois séculaire, aux œuvres de nos grands hommes et aux fécondes initiatives de notre génie national.

Dans ces grandes réunions des éléments de la science universelle qui s'entr'aident, dans ces rapprochements des hommes qui la représentent et des choses qui doivent lui servir, se concentrent ainsi et se décuplent les forces les plus essentielles au progrès de la matière et à celui de la pensée.

C'est de leurs laboratoires silencieux ou de leurs enseignements publics que sortent, à l'envi, les révélations de la science physique ou morale nécessaires aux redoutables besoins de la guerre, comme à la prospérité des arts ou des industries de la paix.

Comment la direction donnée aux Facultés de Droit n'aurait-elle pas un rôle important, dans cette lutte pour la vie?

C'est dans le Droit que viennent se résoudre, en effet, toutes les difficultés de l'existence; toutes les grandes choses de la vie privée et publique doivent trouver dans ses interprétations un soutien, un refuge, ou au moins les légitimes espérances de l'avenir. Il est le régulateur suprême de l'ordre social.

Or, il restait à faire, pour l'enseignement officiel du Droit, ce qui a été largement pratiqué pour toutes les autres sciences et pour les lettres, c'est-à-dire étendre ses domaines jusqu'à leurs limites naturelles.

Le Droit positif repose sur deux bases essentielles, le principe de justice et le principe d'utilité qui doivent rester inséparables et savamment pondérés dans la confection des lois. Or, les lois de l'utile, c'est-à-dire l'économie politique et ses annexes, étaient il y a peu d'années encore dédaignées ; on ne s'occupait d'elles que comme d'un accessoire indifférent à connaître : c'était une immense faute.

De même, dans un pays de suffrage universel comme le nôtre, on laissait dans l'obscurité les règles politiques du Droit constitutionnel, des Sciences financières et de législation comparée que nul ne devrait ignorer pour avoir droit à sa part de gouvernement.

Progressivement, ces lacunes se sont rétrécies et le récent décret du 1er août 1905 a pris des dispositions utiles dans ce sens.

Nous ne pouvons que nous en réjouir pour notre pays, mais à la condition essentielle de ne pas oublier que dans l'enseignement du Droit, c'est le Droit civil du présent et celui du passé, qui doivent garder la haute main sur tous les autres. C'est le Droit civil qui doit rester l'enseignement commun imposé à tous les étudiants de nos Facultés, quelles que soient leurs aspirations pour l'avenir et la ligne des options qu'ils veuillent choisir dans les cours.

Nous avons à peine besoin de constater ici, en effet, que le Droit civil contient en lui des règles qui dominent tous les rapports humains, qu'il s'agisse des individus ou bien des personnes morales même de l'ordre le plus élevé, et notamment des États dans leurs rapports entre eux.

C'est lui qui régit en réalité, les rapports d'obligation entre les personnes de tout ordre, aussi bien que les droits sur les choses. C'est en lui que, sur ces matières fondamentales, on doit chercher les analogies décisives, même lorsque l'on sort de sa sphère d'application immédiate.

C'est lui enfin qui fixe l'état des personnes dans la famille et dans la société, et à cet égard il domine encore l'application de toutes les matières du Droit sans distinction. Il est à ce sujet la caractéristique du degré de civilisation de l'état pour lequel il a été établi.

Cela est tellement vrai que certains juristes, et même des Facultés de Droit, officiellement consultées à une époque encore très récente, ont demandé à conserver le *statu quo* pour la limite des enseignements, par une sorte de respect religieux et de peur que la prédominence des matières juridiques dont nous parlons ait à subir une atteinte par les changements proposés.

Nous avons pensé que, grâce aux mesures très effectives prises en vue d'assurer la supériorité due au droit civil, nous considérions le système des cours à options avec séries obligatoires comme supérieur à tous les autres. C'est l'opinion qui vient de l'emporter ; nous aurions mauvaise grâce à prendre maintenant encore une fois sa défense. Nous nous bornerons à rappeler ce que nous écrivions à ce sujet dans le rapport sur les travaux de l'année 1903-4 : « Ce système, très libéral dans ses procédés et confiant dans le bon sens des élèves, disions-nous, répond avec souplesse et fidèlement à l'infini variété des besoins pratiques, des aptitudes personnelles et des carrières à choisir. »

On faisait à ce système le reproche singulier, au premier abord surtout, d'augmenter le nombre de nos élèves et par suite celui des déclassés.

Et le rapport de l'année précédente disait déjà :

« Quant au grief des déclassés, on en pouvait parler peut-être alors que nos élèves étaient moins nombreux; et ceci, malgré les apparences, n'est certes pas un paradoxe.

« Nos études ne répondaient alors qu'aux fonctions de l'ordre judiciaire, de la magistrature, des offices ministériels

et du barreau qui n'occupent qu'un personnel restreint.
Le Droit ainsi limité ne s'adaptait guère aux besoins ordinaires et généraux de la vie normale. Le nombre de nos
licenciés pouvait, en effet, dépasser alors l'étendue des
emplois ainsi limités. On n'est pas toute la vie en procès ou
en difficultés litigieuses.

« Mais aujourd'hui, entraînés dans le mouvement des
idées nouvelles et des mœurs, nous avons dû largement
ouvrir nos étroits horizons.

« L'exégèse patiente des lois d'ordre privé ne pouvait plus
suffire, comme au temps des traditions séculaires et des
paisibles coutumes du Droit interne.

« Il fallait répondre aux besoins nouveaux du grand commerce, de l'industrie, des relations d'affaires internationales,
de la politique active, et les résultats ne se firent pas
attendre.

« On vit bien qu'ouvrir des voies nouvelles, c'est le meil-
leur moyen de réduire le nombre des déclassés, en utili-
sant partout les forces vives des particuliers, et par suite
celles de l'État. »

Toutes les grandes administrations et compagnies financières ou industrielles donnent des avantages parfois formels
à la licence en droit ; en certains cas elles l'exigent. C'est un
fait nouveau et significatif.

C'est dans ces vues que l'État et l'Université augmentè-
rent dans toutes nos Facultés, mais plus complètement à
Toulouse qu'ailleurs, le nombre des chaires magistrales et
des cours complémentaires,

Par suite de ces prévoyantes innovations et aussi, il faut
bien le dire, par l'effet des dispenses du service militaire, le
nombre de nos élèves s'accroissait dans des proportions
inattendues.

On peut constater, dans les tableaux de notre *Appendice*,
que le nombre des inscrits était en 1889-1890 de 986 et qu'il
s'élevait par des progrès successifs en 1904-1905 à 1.466 avec

2.690 inscriptions, soit une augmentation de près de 500 élèves en six ans.

La nouvelle loi militaire fera certainement une brèche dans nos rangs, mais elle serait bien plus à redouter si nous n'ouvrions la carrière qu'à des juristes proprement dits, condamnés par leur chiffre même à être de plus en plus du nombre des déclassés. Les nouvelles études utilitaires nous défendent contre de trop nombreux abandons. Le diplôme de licencié étant demandé ou exigé de plus en plus à l'entrée des carrières.

Nous devons ajouter, d'autre part, que dans notre Faculté les procédés d'enseignement tendent aussi à se mettre au niveau des coutumes et des besoins modernes, en mêlant les préoccupations pratiques à celles de la haute science.

Dans un article de la *Revue internationale de l'enseignement*, l'un des nôtres, écrivait il y a quelques années ces paroles justes et pittoresques que je me plais à redire : « Notre enseignement applique avec persévérance la méthode des semailles sans culture... Le professeur vient jeter la bonne parole dans la terre légère des attentions distraites et des cahiers mal tenus... puis il s'en va. » M. Hauriou ajoute avec raison qu'il faudrait un peu plus de « labour ».

Les conférences ont été créées dans ce but, sans doute; mais elles sont susceptibles de grands perfectionnements qu'ont tentés avec succès plusieurs de nos collègues. Ce sont, dans l'ordre chronologique, d'abord MM. Hauriou, le regretté Brissaud, Maria, et puis après eux tous nos chargés de conférences pour la licence et le doctorat.

On a constitué pour trois groupes de conférences, trois salles de travail ouvertes toute la journée aux étudiants inscrits. Ils y trouvent une bibliothèque spéciale pour la nature de leurs études, tous les moyens matériels de travail et les recueils de jurisprudence les plus utiles. La salle de travail pour les élèves du Droit public contient la collection complète de la jurisprudence du Conseil d'État.

Dans les autres salles d'histoire et de droit civil, sont le recueil du Journal du palais et Sirey, le recueil de Dalloz et des livres ou documents pour le Droit romain et l'Histoire du Droit. Les élèves y trouvent de plus les conseils et la direction de leurs maltres respectifs.

L'élite de nos jeunes gens a ainsi à sa disposition et sous sa responsabilité, les livres qu'ils ne sauraient avoir chez eux et qu'ils ne peuvent pas librement consulter dans les grandes bibliothèques. Ils sont à l'abri de visiteurs importuns et très souvent augmentent d'une aide amicale et commune les ressources de leur travail personnel. C'est le milieu le plus sain et le plus utile qui se puisse établir au profit des jeunes hommes de bonne volonté. C'est de là, ai-je besoin de le dire, que sortent à peu près tous nos lauréats.

Nous devons plusieurs intéressantes publications à ce travail en commun dirigé par des maltres dévoués.

Mais nous nous préoccupons aussi, tout en répondant aux nécessités parfois exigentes de notre nombreux personnel d'étudiants, de l'avenir de notre recrutement.

Depuis plusieurs années, nous ajoutons à notre personnel, sous le nom de suppléants provisoires ou maltres de conférences, comme ailleurs, de jeunes docteurs qui ont déjà concouru ou se préparent à concourir pour l'agrégation. Les concours, très espacés les uns des autres et très chanceux par le nombre de ceux qui s'y présentent, découragent bien des jeunes esprits distingués.

Or ces sortes d'accroissements de notre personnel qui nous viennent par les soins de l'Université sont très nécessaires dans nos Facultés de Droit. Dans la nôtre spécialement, avec le nombre considérable de nos élèves, tous les jours présents aux cours ou aux examens, il est indispensable de combler à l'instant les lacunes qui se produisent très naturellement.

Mais de plus, et la considération n'a pas moins d'importance, ces charges, utiles pour notre fonctionnement, peuvent servir de stage et d'encouragement, de poste d'attente à ceux de nos jeunes docteurs qui se préparent au concours d'agrégation ou qui s'y sont déjà distingués, sans avoir pu être chargés de cours par le ministère.

Nous n'avons, hélas, dans la carrière du Droit, pour préparer et faire attendre nos meilleurs candidats jusqu'à de tardives épreuves, ni l'enseignement secondaire, ni les fonctions auxiliaires des autres Facultés.

Après chaque concours, et dernièrement encore, on a vu les meilleurs, parmi les concurrents, quitter cette carrière difficile pour en entreprendre une autre plus accessible ou plus lucrative, au barreau, dans la magistrature, dans l'administration, dans le contentieux de l'industrie. C'est autant de perdu pour l'Université, faute de pouvoir retenir ces jeunes gens qui lui feraient honneur.

C'est donc la régularité du service quotidien, et par le fait même les meilleurs choix dans les recrutements, que notre Université assure, en favorisant ainsi la création des suppléances et des maîtrises de conférence. Et c'est ce que l'on fait très largement à Paris où ces créations universitaires, de genres divers, sont très nombreuses chaque année.

On nous permettra, pour compléter l'histoire de la Faculté, d'ajouter qu'elle a un peu rayonné autour d'elle.

Un homme de haute valeur et de grande énergie, qui lui appartient et lui fait honneur, M. Houques Fourcade, avait fondé, il y a quelques années, à ses frais et risques, une École pratique de Droit qui s'annonçait si bien que la Faculté et l'Université la prirent sous leur protection et s'en portèrent garants. La Faculté la reçut dans un local communiquant avec elle sans se confondre; elle lui donna les membres les plus dévoués de son enseignement et l'Université sanctionna cette œuvre par ses allocations importantes.

Cette École a pour but « de préparer aussi complètement que possible les jeunes gens à l'exercice des diverses fonctions judiciaires et aux divers concours administratifs, comme aussi de vulgariser les notions commerciales les plus importantes ».

Ses élèves réussissent déjà merveilleusement dans les concours de débuts de carrières les plus difficiles, l'enregistrement, les contributions directes, la banque, et sont préparés pour les offices ministériels, à la fois, par des praticiens distingués dans ces diverses spécialités et par des théoriciens autorisés du Droit.

Nous avons souvent dit que cette œuvre avait une portée d'éducation morale peut être plus importante encore que l'éducation intellectuelle, pour laquelle seule, elle semble être faite.

Les jeunes gens qui fréquentent cette École sont, en effet, surtout ceux auxquels il n'a pas été permis de recevoir la coûteuse instruction secondaire. On leur en offre une à leur portée.

De plus, ils vivent dans des milieux où il est difficile de voir autre chose, dans la pratique judiciaire notamment, que les formes légales à suivre et, avant tout, le but à atteindre. Ils entrent, au contraire, à l'École, dans un milieu où on peut leur montrer les choses de plus haut ; ils peuvent là se rendre compte des liens qui rattachent le Droit à la pratique et comprendre, en même temps, les règles supérieures qui dominent et doivent inspirer tous les actes de la justice. Le but est en même temps moralisateur et libéral.

C'est une institution qui complète l'œuvre scientifique de la Faculté et offre à tous, ce que l'on nous reproche de ne pas donner, la connaissance des détails pratiques. Nous répondons à ces reproches en créant une œuvre qui démontrera désormais, très clairement, toute leur injustice et qui doit, du même coup, en faire disparaître toute la portée. Ceux-là seront seuls en faute qui ne sauront pas en bénéficier.

Une École de notariat reconnue par l'Etat s'y rattache depuis cette année, sous la direction de M. Houques-Fourcade, à qui la Chambre de commerce a confié encore la fondation de son École supérieure, pensant que le poids n'était pas trop lourd pour ses robustes épaules ni pour l'énergie de son talent d'administrateur.

C'est encore à la Faculté de droit, dans des sphères plus

élevés, que Toulouse est redevable principalement de l'Académie de Législation, à laquelle était accordée par le jury
de l'Exposition internationale de 1900 la médaille d'or.

Cette Académie, qui a été fondée par l'un de mes prédécesseurs à la chaire du droit Romain, M. Bénech, et aux travaux
de laquelle les professeurs de la Faculté prennent la plus
grande part, a eu un singulier mérite à ses débuts en 1855.
Elle a été le premier agent des relations internationales de
la France, au point de vue du Droit. Elle eut pour collabora-
rateurs et correspondants les juristes les plus en renom de
l'Europe entière.

La Société de Législation comparée a constitué depuis, dans
ce sens, l'œuvre admirable que son séjour à Paris et les
secours abondants de l'Etat lui ont permis de réaliser. Mais
l'Académie de Législation continue son œuvre première, elle
a pris cette année l'Université comme collaboratrice et comme
soutien; elle se rattache donc par un double lien à la Faculté.

Enfin, nos collègues du Droit occupent un rôle considérable dans la plupart des six Académies ou Sociétés savantes
que la générosité de M. Ozenne appela, il y a quelques
années, à s'installer, avec leurs bibliothèques, leurs archives
et de belles salles de réunion, dans un des chefs-d'œuvre de
l'architecture de notre Renaissance toulousaine : l'hôtel d'Assézat et de Clémence-Isaure. J'ai eu la très haute satisfaction de réaliser les intentions généreuses de mon vieil ami
à cet égard.

Une de ces Sociétés, l'Académie des Jeux Floraux, presque aussi ancienne que notre Université elle-même, remonte
à l'époque des troubadours et des trouvères; elle fut fondée
à Toulouse, en 1323, au jardin des Augustines.

C'est à son histoire que se rattache le nom légendaire et
poétique de Clémence Isaure qui en fut la *Restauratrix* au
seizième siècle. Elle possède de merveilleux parchemins qui
rapportent les *joies de ses fleurs* et la *Leys d'amor*.

Les cinq autres Sociétés ont attesté leur valeur lors du
Congrès des Sociétés savantes de France, qui se tint bril-

lamment, pour la première fois en province, à l'hôtel d'Assézat et de Clémence-Isaure en 1899; car c'est ainsi que se
nomme, par la volonté du testateur, l'admirable demeure
qui groupe en une sorte d'Institut provincial : l'Académie
des Jeux Floraux, l'Académie des Sciences, Inscriptions et
Belles-Lettres fondée en 1640, l'Académie de Législation, les
Sociétés de Médecine, Archéologique du Midi de la France
et de Géographie, cette dernière seule Société ouverte compte
plus de quatre cents membres actifs.

C'est un groupement qui s'est fait autour de notre Université, mais à l'état d'indépendance réciproque et nécessaire ;
j'en redirai un mot avant de terminer.

Si je peux me le permettre, je resterai encore un instant
en dehors de la Faculté, mais tout auprès d'elle, pour rappeler un vœu qui peut au premier abord paraître étrange à
ceux, du moins, qui ne connaissent pas l'histoire de l'enseignement du Droit dans notre pays ou ce qui se passe encore
de nos jours, en dehors de lui.

Je veux parler de la participation des représentants de
l'enseignement officiel du Droit à l'administration de la justice, au moins dans les diverses juridictions du siège de leur
Faculté, à tour de rôle, avec voix délibérative ou même simplement consultative. Cette adjonction du personnel enseignant à l'ordre judiciaire devrait être, d'ailleurs, très discrète
et très ordonnée, sous le contrôle actif du Gouvernement.

De même, en effet, que la jurisprudence et la doctrine se
prêtent un constant et mutuel appui, de même l'application
des lois et l'enseignement du Droit devraient marcher ensemble, dans un contact incessant et forcé.

Ce procédé, que nous avons vu pratiqué dans l'ancienne
Société française et qui est admis dans certains pays étrangers, a trouvé un exemple, même chez nous, dans la personne de deux jurisconsultes qui ont honoré la science moderne. MM. Aubry et Rau furent tous les deux longtemps
juges suppléants, occupés au Tribunal de Strasbourg, en même temps que professeurs éminents à la Faculté regrettée

Nous ne voudrions pas aller jusque-là, pour ne pas surcharger à vie les mêmes hommes, par le cumul de deux grandes fonctions. Il faut être moins exigeant.

L'ancien Droit avait établi ce rapprochement, surtout pour faire bénéficier la magistrature de la science acquise par les travailleurs de l'école; à notre humble avis, ce serait au moins autant au profit de ces travailleurs eux-mêmes et par suite de ceux à qui ils doivent enseigner.

Le Droit est une science pratique que l'éducateur a dû voir fonctionner sous ses yeux, pour pouvoir la bien faire connaître aux autres.

C'est là une pensée de progrès, dont l'ancien régime nous avait donné l'exemple et qu'il faut reconstituer.

Au surplus, cette pensée est aussi des plus modernes, car nous apporterions à l'étude du Droit les bienfaits de la méthode expérimentale aujourd'hui dominante partout, et qui a contribué à développer si merveilleusement les puissances scientifiques de notre siècle.

Si chaque professeur était ainsi appelé, par exemple, une fois ou deux, ou même plus souvent, durant une année, dans sa carrière, et avec un congé *ad hoc*, à contrtrôler ses idées au contact des événements et des hommes, il épurerait, pour ainsi dire, ou fortifierai ce que le travail scolaire lui a fait acquérir. Peut-être pourrait-il rendre des services à son tour.

L'exercice du barreau était autrefois fréquemment cumulé avec les travaux de l'enseignement; mais cet usage tend à disparaître, il avait des dangers d'entraînement et de préoccupations personnelles auxquels la magistrature n'expose guère.

A ce vœu nous en joindrons un autre de moindre importance à la vérité, mais qui a plus de portée qu'on ne le croit peut-être. Il est relatif au port du costume, conservé encore dans toutes les Facultés de Droit de France, comme dans les corps judiciaires.

Le costume traditionnel est le trait-d'union qui nous rapproche visiblement de la personne des représentants de la justice.

Par ce temps qui a la prétention de tout simplifier et de tout égaliser, dans les relations de la vie, la robe marque au palais et à la Faculté, les distances nécessaires et conserve la discipline comme à l'armée.

Inutile et même fâcheux dans les conférences qui sont des causeries scientifiques de laboratoire ou de bibliothèque, le costume rappelle, aux examens, que c'est une justice souvent du plus haut intérêt qui accomplit là ses devoirs, et il fait revivre dans les chaires des cours, les traditions d'un passé qui nous honore.

Il rappelle enfin, au moyen d'un signe extérieur consacré par les siècles, que le Droit se discute dans des sphères intellectuelles et morales d'ordre supérieur et placées au-dessus des préoccupations réalistes et banales de la vie dont on semble se séparer formellement.

On sait bien, du reste, le mot de Pascal sur la robe et l'hermine des audiences, il est toujours vrai, du moins pour le palais; pourquoi n'en serait-il pas de même là où on enseigne officiellement le Droit au nom de l'Etat?

Ce n'est ni le lieu ni le moment de présenter ici d'autres *desiderata* d'intérêt plus individuel, sur le mode de classement des professeurs, par exemple.

Il faut bien dire cependant que l'élévation du niveau dans le recrutement de la fonction dépend de la considération et des avantages qui y sont rattachées. On peut voir ce qui se passe, à cet égard, dans les autres gouvernements.

Nous terminerons ces observations qu'excuse le fait d'une longue expérience et d'un profond et respectueux attachement à notre belle mission, par quelques considérations d'ordre plus important et plus général.

Assurément, il est des œuvres que l'on ne peut accomplir en un jour. En instituant les Université nouvelles, il fallait compter le temps comme l'un des facteurs nécessaires, dans le domaine des faits matériels, et, plus encore, dans celui des esprits et des bonnes volontés. En effet, il faut attendre pour constater tous les résultats espérés.

Et, pourtant, rapprocher des hommes voués à des travaux de caractère supérieur, pour qu'ils s'entr'aident dans leurs labeurs respectifs, n'est-ce pas une œuvre scientifique et morale tellement naturelle qu'elle semblerait devoir s'accomplir d'elle-même?

Il n'en est certes pas toujours ainsi. Le goût de la solitude et du silence, fréquent chez les hommes d'étude d'une part, et d'autre part l'estime parfois trop exclusive de chacun pour sa spécialité, n'atténuent que trop souvent les plus nobles efforts du travail individuel.

Là où la coopération serait fructueuse et facile, où les relations, même passagères et mondaines, si utiles à la simplification des recherches et au progrès commun s'offrent sans cesse d'elles-mêmes, on s'isole et l'on perd ainsi le bienfait de la plus féconde des solidarités : celle du travail, ou du moins le progrès est lent.

Les associations scientifiques libres, les académies provinciales combattent efficacement ce mal, sur certains points. Il faut encourager ces initiatives précieuses, même lorsqu'elles restent sans grand éclat. Et c'est très grand dommage que les départements et les communes délaissent et affectent presque de dédaigner ces collaborations spontanées que les congrès annuels des sociétés savantes mettront de plus en plus en relief.

Les grandes Universités, il est vrai, et nous nous plaisons à le redire, y contribuent généreusement par leur personnel de toutes les Facultés et par leurs travaux, mais les vents favorables ne sont guère en ce moment pour les œuvres académiques.

Il faut observer d'ailleurs que les Universités ou l'État ne doivent pas s'ingérer trop activement dans ces œuvres de liberté. Ce serait en détruire l'utile et noble originalité jusque dans ses racines et en dessécher tous les germes féconds.

En réalité, dans l'ordre actuel des lois et des mœurs de notre pays, c'est donc autour des grandes Unviersités de l'Etat que gravitent, en province du moins, ces œuvres des collectivités intellectuelles et scientifiques; mais le danger pour elles ne vient pas de là en ce moment.

La création de nos Universités provinciales a été, à la vérité, un progrès vers la décentralisation, et la reconnaissance de laliberté de l'enseignement supérieur a plus avancé encore dans le sens d'une organisation libérale.

Or, il faut bien le dire, cette dernière et importante innovation n'a produit que des effets de peu d'étendue, surtout hors de Paris. Elle a mis au jour et soutenu quelques savants de premier ordre, et c'est à l'un de ceux-ci notamment que nous devons la merveilleuse et féconde découverte de la télégraphie sans fil.

Mais quelque restreints que soient ces résultats, aujourd'hui, le principe de liberté doit être maintenu. Sagement ordonné, dans son exercice, il contient le germe de la concurrence et de l'émulation, ordinairement généreuse, dans ces hautes régions du travail.

Et pour en revenir à nos Facultés, nous dirons surtout, que ce qui doit être aussi très précieusement conservé comme gage nécessaire de l'indépendance, de la dignité et du succès des maîtres, c'est le concours au début et l'inamovibilité des fonctions telle qu'ils existent. C'est ce qui assure, comme de plein droit, l'autorité de la parole même à nos plus jeunes recrues. C'est la meilleure garantie de notre liberté.

Nous voulons garder cette sage indépendance de l'esprit sans laquelle il ne saurait y avoir d'enseignement, d'enseignement supérieur surtout vraiment digne de ce nom.

Mais, c'est pour nos Facultés de Droit particulièrement que cela est vrai et doit être assuré. L'interprétation des lois est plus qu'un travail de science, c'est comme la sentence du juge, une œuvre de conscience intime.

C'est avant tout dans le sentiment du juste que le juriste

doit, comme le magistrat, librement chercher ses inspira-
tions et les doctrines de son enseignement. Il faut pour son
autorité professionnelle et sa dignité que la sincérité de sa
parole reste toujours en incontestable évidence.

C'est ce qu'il faudra pouvoir redire pour caractériser et
célébrer chacun de nos centenaires de l'avenir.

APPENDICE

ENSEIGNEMENT ET PERSONNEL DE LA FACULTÉ

DEPUIS 1805

La Faculté de Droit de Toulouse comprend actuellement seize chaires magistrales, savoir :

— Trois Chaires de Code civil, créées par Décret du 1er germinal an XIII (22 mars 1805).

— Deux Chaires de Droit romain établies, la première par le même Décret du 1er germinal an XIII, sous le titre de Chaire d'Instutes et de Pandectes qu'elle conserva jusqu'au 4 février 1853; la seconde, par le Décret du 17 septembre 1854.

— Une Chaire de Droit commercial, instituée par Ordonnance royale du 28 septembre 1822.

— Une Chaire de Droit administratif, fondée par Ordonnance royale du 27 septembre 1829, supprimée en 1830, rétablie le 12 décembre 1837.

— Une Chaire de Procédure, créée par le Décret du 1er germinal an XIII, sous le titre de Chaire de Procédure et de Législation criminelle, qui lui fut conservé jusqu'au 13 décembre 1846.

— Une Chaire de Droit criminel qui, en vertu d'un Arrêté ministériel du 13 décembre 1846, remplaça celle de Droit public établie par Ordonnance royale du 25 novembre 1830.

— Une Chaire d'Histoire générale du Droit, instituée par Décret du 10 mars 1859, sous le titre de Chaire de Droit français étudié dans ses origines féodales et coutumières, qui lui est resté jusqu'au 8 mars 1889.

— Une Chaire d'Économie politique qui date d'un Décret du 25 janvier 1870.

— Une Chaire de Droit constitutionnel, créée par Décret du 4 avril 1892.

— Une Chaire de Droit international public, créée par Décret du 4 avril 1903, remplaçant la Chaire de Droit international public et privé créée par Décret du 4 avril 1892.

— Une Chaire de Législation française des finances et des sciences financières, créée par Décret du 17 octobre 1905, en remplacement d'une Chaire de Législation française des finances et Législation et économie industrielles, créée par Décret du 8 décembre 1895.

— Une Chaire d'Histoire du Droit public et de principes du Droit public, créée par Décret du 4 avril 1903.

— Une Chaire de Droit international privé, créée par Décret du 4 avril 1903.

A côté de ces Chaires, ont été fondées par l'État et par l'Université des Cours complémentaires.

Les Cours fondés par l'État sont ceux de Droit administratif (doctorat).

Ceux subventionnés par l'Université de Toulouse sont : les Cours de Science pénitentiaire, de Législation et économie coloniales, d'Histoire des doctrines economiques, de Législation et Économie rurales, d'Économie politique (spécialement destiné au Doctorat ès sciences politiques et économiques), ou Cours de Doctrines des sciences économiques, et un Cours de Droit maritime.

DOYENS ET PROFESSEURS TITULAIRES

DE LA FACULTÉ DE DROIT

DEPUIS LE 22 MARS 1805

Doyens.

JAMME (Alexandre). — 22 mars 1805.
JOUVENT (Barthélemy). — 1er mai 1809.
JAMME (Alexandre). — 21 septembre 1816.
JOUVENT (Barthélemy). — 23 octobre 1818.
BASTOULH (Raymond). — 28 août 1821.
MALPEL (François). — 25 décembre 1830.
LAURENS (Auguste). — 3 novembre 1841.
BÉNECH (Osmin). — 7 novembre 1855.
DELPECH (Édouard). — 17 novembre 1855.
CHAUVEAU (Adolphe). — 4 novembre 1865.
DUFOUR (Constantin). — 8 janvier 1869.
BONFILS (Henry). — 31 octobre 1879.
PAGET (Joseph). — 15 novembre 1888.
DELOUME (Antonin). — 16 novembre 1900.

Professeurs titulaires.

1re Chaire de Code civil : FURGOLE (Pierre-François); —
— MALPEL (François); — BRESSOLLES (Gustave); —
WALLON (Ernest).

2e Chaire de Code civil : JAMME (Alexandre); — DELPECH
(Édouard); — POUBELLE (Eugène); — ROUARD DE CARD
(Edgard).

13

3e Chaire de Code civil : BASTOULH (Jean-Raymond); — LAURENS (François-Auguste); — HUC (Théophile); — CAMPISTRON (Louis).

1re Chaire de Droit romain : RUFFAT (Jean-Dominique); — BÉNECH (Raymond-Osmin); — DEMANTE (Gabriel); — HUMBERT (Gustave); — DELOUME (Antonin), doyen.

2e Chaire de Droit romain : MASSOL (Henri); — PAGET (Joseph), doyen honoraire.

Procédure civile : CARLES (Auguste); — RODIÈRE (Aimé); — BONFILS (Henry); — CAMPISTRON (Louis); — BRESSOLLES (Joseph).

Droit commercial : FERRADOU (Alexis); — DUFOUR (Constantin); — BONFILS (Henry); — FRAISSINGEA (Louis).

Droit administratif : BASTOULH (Carloman); — CHAUVEAU (Adolphe); — ROZY (Henri); — WALLON (Ernest); — HAURIOU (Maurice).

Droit criminel : MOLINIER (Victor); — VIDAL (Georges).

Histoire générale du droit : CHAMBELLAN (Charles); — GINOUILHAC (Charles); — BRISSAUD (Jean); — FERRADOU (André).

Économie politique : ARNAULT (Louis); — HOUQUES-FOURCADE (Maurice).

Droit constitutionnel : TIMBAL (Joseph).

Droit international public : MÉRIGNHAC (Alexandre).

Législation française des finances et sciences financières : DESPIAU (Hippolyte); — MESTRE (Achille).

Histoire du droit public et de principes du droit public : MARIA (Pierre).

roit international privé : GHEUSI (Joseph).

DOCTORAT DE L'UNIVERSITÉ

Le Conseil de l'Université de Toulouse,

Vu l'article 15 du décret du 21 juillet 1897, ainsi conçu :

« En dehors des grades établis par l'Etat, les Universités peuvent instituer des titres d'ordre exclusivement scientifique;

« Ces titres ne confèrent aucun des droits et privilèges attachés aux grades par les lois et règlements, et ne peuvent, en aucun cas, être équivalents aux grades;

« Les études et les examens qui en déterminent la collation sont l'objet d'un règlement délibéré par le Conseil de l'Université et soumis à la section permanente du Conseil supérieur de l'Instruction publique;

« Les diplômes sont délivrés au nom de l'Université par le président du Conseil, en des formes différentes des formes adoptées pour les diplômes délivrés par le Gouvernement. »

Vu les propositions des Facultés intéressées,

DÉLIBÈRE :

I. — Dispositions générales.

ARTICLE PREMIER. — Il est institué un doctorat de l'Université de Toulouse.

ART. 2. — Les aspirants à ce titre doivent être immatriculés sur les registres de la Faculté devant laquelle ils subiront l'examen.

ART. 3. — Ils sont tenus d'accomplir, dans l'Université de Toulouse, la scolarité déterminée par les dispositions qui suivent.

ART. 4. — Ils sont soumis au régime scolaire et disciplinaire de l'Université.

ART. 5. — Les épreuves pour l'obtention du diplôme sont publiques.

ART. 6. — Le jury se compose de trois membres au moins.

ART. 7. — Le diplôme porte la mention des matières de l'examen.

ART. 8. — Il est signé par les membres du jury et par le doyen de la Faculté devant laquelle auront lieu les épreuves.

ART. 9. — Il est délivré sous le sceau et au nom de l'Université de Toulouse par le Recteur de l'Académie, président du Conseil de l'Université.

II. — Dispositions particulières.

FACULTÉ DE DROIT.

ART. 11. — A la Faculté de Droit, ne sont admis à postuler le doctorat universitaire que les étudiants de *nationalité étrangère* pourvus de la licence d'Etat, ou de la licence de l'Université de Toulouse, ou de titres étrangers déclarés équivalents.

Les épreuves du doctorat de l'Université de Toulouse, mention *Droit*, consistent :

1º En un examen oral ;

2º Dans la soutenance d'une thèse.

L'examen porte sur les matières ci-après :

Sciences juridiques.

1º Droit civil français (deux interrogatoires) ;

2º Au choix du candidat, les matières d'un des deux autres certificats d'études universitaires (sciences juridiques) [une interrogation].

Sciences politiques.

1º Droit constitutionnel (une interrogation) ;

2º Droit administratif (une interrogation) ;

3º Au choix du candidat, les matières d'un des deux autres certificats d'études universitaires (sciences politiques) [une interrogation].

Sciences économiques.

1º Economie politique et histoire des sciences économiques (deux interrogations) ;

2º Au choix du candidat, les matières d'un des deux autres certificats d'études universitaires (sciences économiques) [une interrogation].

Nul n'est admis s'il n'a obtenu une majorité de boules blanches.

La thèse en vue du doctorat de l'Université sera rédigée, imprimée et soutenue suivant les règles établies pour le doctorat d'Etat.

NOMBRE DES ÉTUDIANTS INSCRITS DURANT LES SIX DERNIÈRES ANNÉES

	1899-1900	1900-01	01-02	1902-03	1903-04	1904-05
Étudiants inscrits...................................	986	1033	1079	1146	1240	1466
Auditeurs bénévoles...............................	2	14	8	7	2	10
TOTAL GÉNÉRAL.......................	988	1047	1087	1153	1242	1476
Dont il faut déduire :						
En 2ᵉ A. — Étudiants reçus en novembre en 1ᵉʳ A. et figurant en 2ᵉ A. parce qu'ils ont pris des inscriptions durant l'année scolaire.............................	37	40	39	38	55	46
En 3ᵉ A. — Étudiants reçus en novembre en 2ᵉ A. et figurant en 3ᵉ A. pour la même raison que dessus...	28	28	34	30	36	52
En doctorat juridique. — Étudiants reçus licenciés en novembre et ayant pris des inscriptions en vue du doctorat juridique.............................	2	4	2	2	3	6
En doctorat politique. — Étudiants reçus licenciés en novembre et ayant pris des inscriptions en vue du doctorat politique.............................	3	4	2	5	6	4
Au total :						
Étudiants qui, en fait et à raison même des statistiques d'examens (tableau C, col. 1 et 2), sont et doivent être comptés deux fois.		70	76	77	75	100	108
De sorte que, le personnel étudiant se trouve ainsi réduit à.............................		918	971	1010	1078	1142	1368

RÉCOMPENSES ACCORDÉES EN FIN D'ANNÉE

PAR LA FACULTÉ

---

300 fr. accordés au concours entre les docteurs et aspirants au doctorat.

300 fr. accordés à l'auteur de la meilleure thèse de *doctorat sciences juridiques* présentée dans le courant de l'année scolaire.

300 fr. accordés à l'auteur de la meilleure thèse de *doctorat sciences politiques et économiques* présentée dans le courant de l'année scolaire.

200 fr. accordés aux étudiants de troisième année ayant obtenu une nomination au concours général des Facultés.

900 fr. pour prix afférents aux concours de fin d'années de licence et conférences.

Nombre des thèses de doctorat admises durant les six dernières années scolaires.

ANNÉE SCOLAIRE	ANCIEN RÉGIME	DOCTORAT ÈS SCIENCES JURIDIQUES	DOCTORAT ÈS SCIENCES POLITIQUES ET ÉCONOMIQUES		TOTAL
1899-1900	3	11	2e mention $\left.\begin{array}{c}7\\1\end{array}\right\}$ 8		22
1900-1901	2	13	2e mention $\left.\begin{array}{c}4\\1\end{array}\right\}$ 5		20
1901-1902	»	15	9		21
1902-1903	»	19	2e mention $\left.\begin{array}{c}10\\1\end{array}\right\}$ 11		30
1903-1904	»	21	2e mention $\left.\begin{array}{c}10\\1\end{array}\right\}$ 11		32
1904-1905	»	2e mention $\left.\begin{array}{c}16\\1\end{array}\right\}$ 17	2e mention $\left.\begin{array}{c}8\\1\end{array}\right\}$ 9		26
TOTAUX..	5	96	53		151

THÈSES COURONNÉES PAR LA FACULTÉ DE DROIT DE TOULOUSE

DURANT LES SIX DERNIÈRES ANNÉES SCOLAIRES.

1899-1900.

Sciences juridiques.

M. SERMET (Ernest), né à Carcassonne (Aude).
Essai sur les ventes d'immeubles par autorité de justice.

Sciences politiques et économiques.

M. DE GORSSE (Louis), né à Garrigues (Tarn).
La tuberculose dans l'espèce bovine d'après la loi française.

M. VIÉ (Louis-François), né à Toulouse (Haute-Garonne).
Principales applications du droit d'intervention des puissances européennes dans les affaires des Balkans, depuis le traité de Berlin de 1878 jusqu'à nos jours.

1900-1901.

Sciences politiques et économiques.

M. SERMET (Ernest), né à Carcassonne (Aude).
Le droit de grâce, son histoire, son fonctionnement actuel, son
avenir.

1901-1902.

Sciences juridiques.

M. TIMBAL (Gabriel), né à Toulouse (Haute-Garonne).
Point de départ du régime matrimonial (contrat de mariage ou
célébration du mariage).

Sciences politiques et économiques.

M. DE MONÈS DEL PUJOL (Gilbert), né à Muret (Haute-Garonne).
Le Chancelier de l'Empire allemand.

M. MASSON (Henri), né à Montauban (Tarn-et-Garonne).
De l'obstruction parlementaire. — Etude de Droit public et
d'histoire politique.

1902-1903.

Sciences juridiques.

M. COUCOUREUX (Joseph), né à Villefranche (Aveyron).
Des délits et quasi-délits civils imputables à plusieurs personnes.

Sciences politiques et économiques.

M. POLIER (Léon), né à Rabastens (Tarn).
L'idée du juste salaire (Essai d'histoire dogmatique et critique).

M. BOUISSET (Ferdinand), né à Castres (Tarn).
Assistance médicale gratuite. — De son obligation légale; des
recours ouverts aux individus, aux collectivités et aux hôpi-
taux.

M. FRAYSSINET (Marc), né à Beaumont (Tarn-et-Garonne).
Les idées politiques des Girondins.

1903-1904.

Sciences juridiques.

M. Bonnecase (Julien), né à Bilhères (Basses-Pyrénées).
La faillite virtuelle. — Etude de jurisprudence.

Sciences politiques et économiques.

M. Alengry (François), né à Saint-Tropez (Var).
Condorcet, guide de la Révolution française, théoricien du Droit
constitutionnel et précurseur de la science sociale.

M. Delpéré de Cardaillac de Saint-Paul (Gaston), né à Pra-
des (Pyrénées-Orientales).
Etude de Droit international et de législation comparée sur la
réglementation de la pêche fluvia .

1904-1905.

Sciences juridiques.

M. Betmale (Joseph), né à Lacave (Ariège).
De la capacité requise pour opérer la conversion de titres nomi-
natifs en titres au porteur.

Sciences politiques et économiques.

M. Bonnecase (Julien), né à Bilhères (Basses-Pyrénées).
Le féminisme et le régime dotal.

M. Toy (Jean), né à Thurins (Rhône).
La réglementation de la défense sanitaire contre la peste, le
choléra et la fièvre jaune, d'après la Convention de Paris,
1903. Etude de Droit international et de Droit public français.

LAURÉATS DU CONCOURS GÉNÉRAL DE LICENCE

OUVERT A PARIS, PENDANT LES QUATRE DERNIÈRES ANNÉES SCOLAIRES,
ENTRE TOUTES LES FACULTÉS DE DROIT DE FRANCE.

1901-1902.

2e *Prix.* — M. AUBRY (Pierre), né à Mirande (Gers).

1902-1903.

2e *Mention.* — M. MALRIC (Henri), né à Toulouse (Haute-Gar.).
3e *Mention.* — M. BESSE (Pierre), né à Cahors (Lot).

1903-1904.

2e *Mention.* — M. ROUGÉ (Georges), né à Gratens (Haute-Gar.).

1904-1905.

2e *Mention.* — M. PICARD (Henri), né à Tulle (Corrèze).

TABLE DES MATIÈRES

9

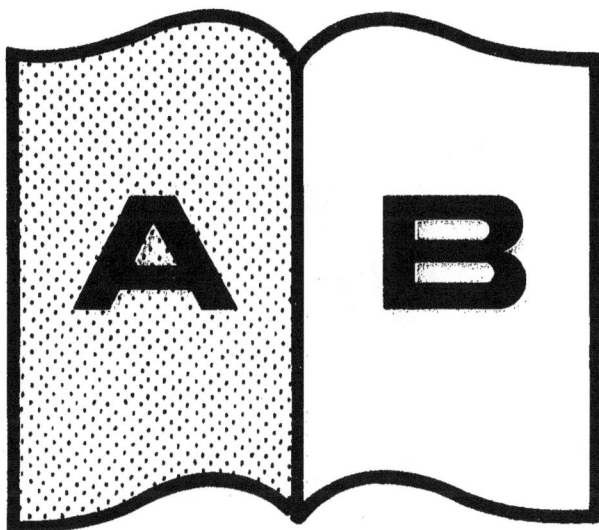

Contraste insuffisant
NF Z 43-120-14

www.ingramcontent.com/pod-product-compliance
Lightning Source LLC
Chambersburg PA
CBHW070532200326
41519CB00013B/3019